Ludwig Harig

KRETER UND PLETER

g

Ludwig Harig

KRETER UND PLETER

TAGEBUCH EINER REISE NACH KRETA

Mit Fotos von
Alfred Diwersy

Gollenstein

Und alle seine Knechte
gingen an ihm vorüber,
dazu alle Krethi und Plethi.
(2. Samuel, 15,18)

Er möchte sich von uns allen verabschieden, sagte Commander Andrews über Bordlautsprecher, die Landevorbereitungen hätten begonnen, und es seien nur noch wenige Augenblicke bis zum Kaltstart. Über dem Sitz befänden sich Sauerstoffmasken und darunter lägen Schwimmwesten, hatte uns die Stewardeß vor dem Start erklärt, im Notfall könne man sich ihrer gemäß der Sicherheitsvorschriften bedienen, Notausgänge gäbe es sechs, und eine bodennahe Fluchtwegmarkierung weise den rechten Weg zu den Passagiertüren A, B und C. Nach Commander Andrews Verabschiedung blieb mir aber keine Zeit mehr über Kaltstart nachzudenken oder zu überlegen, ob ich mich verhört hätte, denn schon knackte es in den Flügeln, rüttelte am Rumpf, und als plötzlich der Meeresspiegel dicht unter der Maschine mit rauhen Wellen aufblitzte und eine Windböe in die geöffneten Klappen fuhr, sah es so aus, als brauchten wir doch noch die Schwimmwesten, und Commander Andrews Abschied sei ein Abschied auf Nimmerwiedersehen. Doch der Commander trug, unsichtbar für jeden, die geflügelten Schuhe des Hermes an den Füßen, die ihn heil über Länder und Meere tragen –, und so setzte die Boeing sachte auf der Landepiste von Heraklion auf und kam zum Stehen. Meine Angst zu fliegen, die nicht einfach nur einem atmosphärischen Unbehagen entspringt, das sich einstellt, sobald ich den Boden unter den Füßen verliere, sondern ganz natürlich begründet ist und mit physikalischen Unwägbarkeiten zusammenhängt, war diesmal überflüssig, entbehrte jeden noch so einleuchtenden Grundes. Schneewittchen war an Bord. Ja, Fräulein Rehbein vom Donnersberg, ein kleines, zartes Persönchen, hatte bei uns in der Maschine gesessen und ging nun mit zierlichen Trippelschritten vor uns einher in die Abfertigungshalle: mutterseelenallein wie Schneewittchen in dem großen Wald; die wilden Tiere sprangen an ihm vorbei, aber sie taten ihm nichts. Kein beengender Schnürriemen, kein lähmender Kamm, kein vergifteter Apfel hatte Schneewittchen etwas anhaben können, und ebensowenig würde es dem Schirokko gelingen, ein Flugzeug in Bedrängnis zu bringen, worin Fräulein Rehbein vom Donnersberg Platz genommen hat. Fräulein Rehbein ist so unberührbar, ja unverletzlich, daß man sich nicht vorstellen kann, irgendjemand möchte ihre Lunge und Leber in Salz kochen und essen, wie es die böse Stiefmutter im Märchen mit Schneewittchens Lunge und Leber vorhatte.

Heraklion ist eine brausende Stadt: Kaum hatten wir unsere Hotelzimmer bezogen und die Glastüren zur Veranda aufgeschoben, drang uns das Rauschen eines unaufhörlichen Verkehrs in die Ohren. Aus den Straßenschluchten dröhnte der Autolärm, im Hafenbecken hupten Fährschiffe und Fischkutter, und vom Flughafen her heulte auf- und abschwellendes Motorengetöse: ein sinnverwirrendes Brausen zu Lande, zu Wasser und in der Luft. Doch wenn der Schirokko weht und die Korybanten mit Zimbeln und Hörnern von den Bergen herabsteigen, Flöte blasend und Tympanum schlagend, daß die Satyrn zu schreien und die Derwische zu tanzen beginnen, ergreift eine nervöse Unrast den jungen Mann mit dem roten Motorrad: Dann dreht er den Gasgriff auf und jault durch die Stadt. Es herrschte Schirokko, als wir in Heraklion ankamen, das rote Motorrad war unterwegs, es gesellten sich leichte Gelände- und schwere verkleidete Tourenmaschinen hinzu. Ein ohrenzerreißendes Geheul brandete auf und verfeinerte sich zu einem elektrisierenden Knistern und Knattern, es klang, als kämen ganze Heuschreckenzüge aus der Libyschen Wüste übers Gebirge gezogen und fielen mit gefräßigem Zirpen in die Straßen der Stadt ein.

Wir verließen das Hotel, denn an Mittagsschlaf war nicht zu denken. Es war später Nachmittag geworden, immer noch blies der Schirokko seinen aufreizenden Atem durch die Straßen. Im Innenhof der ve-

nezianischen Loggia saß ein Taubenpaar auf dem Sims, hektisch ineinander verbissen. Zwei Männer waren damit beschäftigt, den Innenraum der Markus-Basilika herzurichten: Sie strichen Podeste an, lackierten Holzvitrinen, gereizt reichten sie sich die Pinsel, ungeduldig schoben sie sich die Farbeimer zu. In der Luft flirrten Sandkörner und ritzten die Haut, als seien es Glassplitter. Das Wasser des Morosini-Brunnens, das aus den Mäulern frisierter Löwen strömen sollte, war versiegt, die Tritonenspiele im Relief der acht Apsiden fanden auf dem Trockenen statt. Der Schirokko hatte den Staub der Wüste auf Cafétische und Korbstühle geweht, wir saßen am Morosini-Platz und wollten Kaffee trinken, schluckten aber Staub. Aus Lautsprechern schlug uns tumultuarische Gitarrenmusik auf die Ohren.
Der venezianische Löwe über dem Tor des Hafenkastells hat sich in einen Seelöwen verwandelt, Mähne und Beine sind im salzigen Seewind erodiert. Wir drangen in die Gewölbe ein, kletterten über die Zinnen, blancierten auf den glatten Wacken der Mole. Hier war einst Herakles an Land gegangen, um den kretischen Stier zu fangen. Zwischen zertrümmerten Stühlen und ausrangierten Autoreifen liegt immer noch das Stück Horn, das abbrach, als Herakles den Stier in die Knie zwang.

Unser Reiseleiter hieß Evangelos, und mit diesem Namen, sagte er, möchten wir ihn bitte anreden. Sein Familienname sei Plexidas, doch weil es oft genug vorgekommen sei, daß deutsche Touristen ihn in ihrer Kaltschnäuzigkeit auf den Namen Plexiglas getauft hätten, einige von ihnen sogar soweit gegangen seien, ihn mit „Herr Zelluloid", in einem Falle mit „Herr Kolophonium" anzusprechen, bitte er uns herzlich darum, nur seinen Vornamen zu benutzen. Herr Plexidas fürchtete törichte Verirrungen ins Griechische, nicht nur was seinen Namen betraf; immer war er auf der Hut, uns vor fix und fertigen Festlegungen, vor Eindeutigkeiten und kategorischen Imperativen zu warnen. Er bangte, irgendwelche flotten Formulierungen in unserem Reiseführer könnten sich als Wahrheiten in unseren Köpfen verfestigen.

Evangelos, der Freund der Theorien, führte uns. Er führte uns zwischen minoische Mauern und vor byzantinische Bilder, wollte uns über steinige Hänge hinaufschleppen ins Licht der Erkenntnis und durch unwegsame Schluchten hinabtreiben ins Dunkel der Mythen, doch ein hartnäckiger Sinn fürs Augenblickliche, von dem der Großteil unserer Reisegruppe beherrscht war, widerstand seiner Frohen Botschaft vom Zauber und Glanz des Gewesenen. „Hier und jetzt", sagte Herr Pauschal aus Hannover, der den ganzen Tag über seinen Fotoapparat am Lederriemen um den Hals trug und wie ein Luchs nach Gelegenheiten spähte, seine Tatze zu zeigen, die den Auslöser betätigte, „ich will wissen, wie es hier und jetzt aussieht, mich interessiert, was da alles richtig und falsch gemacht worden ist, und woran's fehlt."

Mir aber schwammen die Augen bei Evangelos' Kundschaften aus Kretas Vergangenheit; ich brannte darauf, mit Evangelos an der Hand in einer Galerie archaischer Apollos zu gelangen und dachte: Ich muß mein Leben ändern, wenn ich das alles sehen werde, was uns verheißen wurde.

Es ist selten, daß jemand wie Evangelos einen sprechenden Namen trägt. So ist man umso froher, wenn man jemanden kennenlernt, der sich wie Frau Radix als Gattin eines promovierten Dentisten entpuppt. Frau Radix hat zwar diesen schönen Namen, doch sie scheint keinen Mund zu besitzen; denn hinter ihrer nur angedeuteten Lippenlinie vermutet man alles andere als fest verwurzelte Zähne. Dennoch sprach Frau Radix und sie sprach, wenn der Tag lang war, so viel und so viel unverständliches Zeug, daß Frau Pauschal sich Mühe geben mußte, die gleiche Aufmerksamkeit zu erregen wie Frau Radix. Frau Pauschal trug drei Fingerringe, zwei Armreifen und eine Halskette, alles aus Gold. Sie versuchte, da sie ein zwar flaches, doch äußerst fleischiges Gesicht hat und auch sonst ziemlich kompakt proportioniert ist, durch allerlei Erklärungen und Ausflüchte beim Essen ihr Ansehen zu wahren, doch Herr Pauschal ließ keine Gnade walten, er fühlte sich mir gegenüber gar zu der Bemerkung veranlaßt: „Wissen Sie, meine Frau hat mit der Zeit etwas dicke Beine bekommen, das konnte ich vor fünfundreißig Jahren nicht voraussehen, und jetzt ist es nun mal so.“ Herr Pauschal selbst hat wasserblaue Augen, fliehendes Kinn und eine blankgeputzte Mittelglatze, die weithin in der Sonne glänzte und mich an eine Glatze in Wilhelm Buschs Bildergeschichten erinnerte. Sein Name sei ein ganz besonderer Name, sagte er zu mir, den man aber, um Mißverständnissen vorzubeugen, bitte auf der ersten Silbe betonen möchte. Herr und Frau Pauschal haben beide eine Eigenschaft, die sie selbst nicht in den heikelsten Situationen unterdrücken können: Sie drängen sich vor, besonders Herr Pauschal; er war immer der erste, wenn wir eine Kirche betraten, und der letzte, wenn wir sie wieder verließen.

Mit dieser Taktik konnte er rasch seine Kamera ans Auge reißen, um den Ausschnitt einer Wandmalerei oder eine Ikone zu fotografieren, obwohl dies auf Kreta streng verboten ist. Er nutzte den Augenblick, in dem Evangelos ihm den Rücken kehrte, er profitierte von der Beherrschtheit der Mönche, vom Gleichmut der Nonnen. Herr Pauschal war stets auf seinen fotografischen Vorteil bedacht, und demgemäß spielte er seine Trümpfe aus: Kaum hatte ein frommer Mensch seine Augen im Gebet niedergeschlagen, löste Herr Pauschal den Blitz seiner Kamera aus. Danach war es zu spät, ihn an seiner frevlerischen Tätigkeit zu hindern.

Frau Radix und das Ehepaar Pauschal waren die Hauptpersonen unserer Gruppe, dazu kamen wir vier: Hermann – mein Bruder –, Gertrud, Brigitte und ich und noch weitere vierzehn Teilnehmer, lauter stille, bescheidene Menschen, die stets hinten in der Reihe standen: Dr. Radix und Herr Bökenkamp, Johannes der Täufer mit seiner Frau Brunhilde und Schneewittchen in seiner Unschuld, mit Spangen und Klämmerchen im Haar und zierlichen Schühchen an den Füßen, ein Herr aus Wilhelmshaven mit seiner Frau, ein Ehepaar aus Berlin, die Dame aus dem Mainzer Umweltministerium und der junge Mann mit schütterem, rotblondem Schnauzbart. Und immer war Personal aus dem Dienstleistungsgewerbe an unserer Seite: Kellner und Zimmermädchen, die Dame an der Rezeption, der Herr hinter der Eintrittskasse und Jorgos Papadeikis, unser Busfahrer, der mit graziöser Geste der Hand einem Taxichauffeur die Vorfahrt und einer Dame auf Stöckelschuhen den Vortritt ließ: Krethi und Plethi, oder wie Luther zur feinen Unterscheidung sagt, Kreter und Pleter.

Ein angenehmer Frühwind bewegte die Pinien, blähte die Zypressen auf, als wir nach Knossos kamen. Am Weg, der zur Westfassade des Palastes führt, steht auf hohem Podest die Bronzebüste von Sir Arthur Evans, der um die Jahrhundertwende mit den Ausgrabungen begann. Evans trägt eine Krawatte, doch er hat sich's bequem gemacht und den obersten Hemdknopf geöffnet. Der Weg ist aus Erde gestampft, doch unvermittelt tritt man auf steinerne Platten, die sich zu Prozessionswegen zusammenfügen. Schon steht man vor der asymmetrisch ausgebuchteten Fassade, bewegt sich im Zickzack an den Mauern entlang, verirrt sich auf Treppen und in Korridoren und findet sich wieder in breiten Sälen und Höfen.

Evans hatte Pfeiler und Säulen in Beton und Alabaster rekonstruiert, Evangelos zeigte uns die Pfeilerhallen und die Pfeilerkrypten, das Heilige Bassin und das Heiligtum der Doppeläxte, führte uns durch den Korridor des Schachspiels und den Korridor des Lilienprinzen, beschwor die ältere und die neuere Palastzeit und sagte: „Wenn sich die Archäologen auch darüber streiten, ob es richtig oder falsch war, mit Beton und Gips zu rekonstruieren, vermittelt uns das Werk von Evans doch ein gutes Bild der Zeit, die viertausend Jahre zurückliegt."

Hermann aber, der bemerkt hatte, wie der Beton von Evans Risse zeigt und sein Alabaster zu splittern beginnt, sagte mit handwerklichem Sachverstand Auflösung und Untergang der Wiederherstellung – und die Heraufkunft einer postmodernen minoischen Epoche voraus.

Evangelos hob seine schmale Hand, trat einen Schritt zurück, um einen Spann breit Abstand zu gewinnen von Herrn und Frau Pauschal, öffnete den Mund zu einem nur angedeuteten Lächeln, und mit kretischer Skepsis führte er uns in die geheimen Bezirke der Vermutungen ein. „Sollte es diesen König Minos wirklich gegeben haben“, sagte er, „was teilweise wahrscheinlich, teilweise aber auch sehr unwahrscheinlich ist, und wenn es zutrifft, daß dieser König Minos zu seinen Herrscherpflichten eine Priesterfunktion ausübte, dann könnte es möglich gewesen sein, daß er eventuell auf diesem Thron aus Stein gesessen hat“, streckte seine Hand noch einmal empor, funkelte mit seinen dunklen Augen und fügte hinzu: „Aber das ist alles Theorie.“ Er lenkte unseren Weg über Pfeilerstümpfe und Mauerreste, dirigierte uns in weitläufige Kulthallen, in denen einst Fresken an den Wänden prangten mit Löwenkörpern, Greifenköpfen, stilisierten Lilien und einem Stier, auf dessen Rücken ein schlanker Turner Salto schlägt. „Was Sie hier in einer Kopie sehen, werden Sie im Archäologischen Museum von Heraklion als Original bewundern können“, sagte Evangelos, und er erläuterte uns, daß die in Rotbraun gemalte, Salto schlagende Figur einen Mann darstelle, während die beiden in weiß gemalten Figuren, die den Stier bändigten und hielten, als Frauen anzusehen seien, und von daher müsse er zwangsläufig auf das minoische Matriachat und das spätere mykenische Patriachat zu sprechen kommen. Jede Höhle, jede Grotte möchte er am liebsten als weibliche, jedes Stierhorn, jeden Stalaktiten als männliches Symbol preisen, wenn ihm nicht die strenge Wissenschaft geböte, Vorsicht walten zu lassen bei jeder Form von Deutung und Zuordnung.

Ich schaute. Ich sah. Ich zweifelte nicht. Ich brauchte nicht einmal die Augen zusammenzukneifen und so zu tun, als ob ich mit verschleiertem Blick König Minos auf seinem Thron sitzen sähe; ich sah ihn mit offenen Augen, und ich sah auch das Labyrinth. Was sind denn diese ineinander geschachtelten, vielfach sich kreuzenden, mäanderförmig einbiegenden Gänge anderes als das Labyrinth, das Dädalos als Versteck für den Minotaurus gebaut hat? Die Mythe braucht keine tausend Wörter wie die Archäologie und die Theologie, um diesen Palast von Knossos zu beschreiben.

Aus dem Pinienhain der „Villa Ariadne", wo Sir Evans wohnte und sich den Kopf zerbrach, schrie ein Pfau zu uns herüber. Mein Bruder und ich setzten einen Fuß vor den anderen, sorglos folgten wir Evangelos vom Südpropylon zu den Magazinräumen, von den Magazinräumen ins Piano Nobile: Für uns hielt Evangelos den roten Faden Ariadnes in der Hand. Wir liefen hinter ihm her, wir waren nicht verloren. Ohne uns zu bücken, schlüpften wir unter den Türstürzen hindurch, aufrecht schritten wir die niedrigen Korridore entlang, nichts behinderte uns, nichts hielt uns auf. „Wir haben minoische Größe", sagte ich zu meinem Bruder, „wir gehen, ohne anzustoßen." Doch der hochgewachsene Herr aus Wilhelmshaven entgegnete in Anspielung auf unsere Breite: „Aber nicht nebeneinander!" und weckte uns jäh aus unseren minoischen Träumen.

Evangelos war im Badezimmer, in der Toilette der Königin angelangt. „Endlich", sagte Herr Pauschal, „ich dachte mir schon: anderthalbtausend Räume und keine Toilette!" Doch erst auf dem richtigen, dem Touristenpissoir atmete er auf. „Ist ja ganz manierlich für griechische Verhältnisse", meinte er und ließ es nicht zu, daß wir uns wieder in mythische Labyrinthe verirren.

1

2

5

◄ 3
◄ 4

8

9

◄ 6
◄ 7

ΔΙΑΔΡΟΜΟΣ ΤΩΝ ΑΠΟΘΗΚΩΝ
LE CORRIDOR DES MAGASINS
CORRIDOR OF THE MAGAZINES

12

◄ 10
◄ 11

13

14 ►
15 ►

Zu den Bildern 1 bis 16

Wer reist, hat es mit Bildern zu tun, mit selbstgeschauten und vor allem, manchmal mit gezeichneten und gemalten, mit gefilmten und fotografierten –, aber auch mit inneren Bildern, die unsere Phantasie erzeugt.

*Als wir nach Kreta kamen, badeten wir in einer Bilderflut. Nur ein paar hundert Meter vom Hotel entfernt öffnete sich uns das Hafenbecken von Heraklion. Neben dem venezianischen Kastell erblickten wir die gemauerte Mole, auf deren glatten Wacken wir schon beim ersten Abendspaziergang hin und her balancierten (**1**). Mitten zwischen einheimischen Männern saßen wir vor dem Kafenion bei einem Gläschen Raki (**2**), bevor wir zum Katharinenplatz spazierten. Herr Pauschal drängte sich mit seinem Fotoapparat hemdsärmlig in die Metropolitenkirche Agios Minas (**4**) und übersah dabei die kleine, alte Agios-Minas-Kirche (**3**) mit der schlanken Laterne davor.*

*Bei unserem Ausflug nach Knossos, auf dem mein Bruder mit handwerklichem Sachverstand die Rekonstruktion des minoischen Palastes begutachtete, bewunderten wir die schlichten Kapitelle der Südpropyläen (**5**) und die wiederhergestellte Pfeilerhalle an der Nordrampe (**6**), die stets belebte Schautreppe im Bereich der Heiligen Straße und des Theaterbezirks (**7**), den feierlichen Thronraum mit dem Greifenfresko (**8**), die Halle der Doppeläxte (**9**) und den Korridor des Lilienprinzen (**12**), bestaunten das steinerne Stiergehörn auf der Balustrade im Südhof (**10**), die tönernen Krüge in den Magazinen des Westflügels (**11** und **14**), das Bad der Königin (**13**) und den Säulengang der königlichen Wache (**15**). Sir Arthur Evans, der englische Ausgräber und Rekonstrukteur von Knossos (**16**), betrachtet sein Lebenswerk vom hohen Podest herab.*

Alle Ersparnisse des Kreters rinnen in den Beton. Er ist zu Waben gegossen, zu Zellen erstarrt. Armierungseisen greifen mit Bügeln und Laschen ins Leere: Die Weichbilder der Städte zerfließen. Dort wo der gespenstische Wirrwarr der Rohbauten endet, ist alles liegengeblieben, was zur Arbeit gebraucht wurde: Rahmenholz und Schalbretter, Schubkarren und Rödelklammern. Im Bauschutt verrottet das Werkzeug, im Seewind erodiert der Sandstein, aus dem Balustraden und Verblendungen gemauert sind. Als wir nach Rethimnon unterwegs waren und ein Raunen durch den Reisebus ging, sagte Herr Pauschal: „Warum regen Sie sich auf? Laßt sie doch bauen wie sie wollen, es stört hier ja keinen." Doch das Raunen schwoll an, nachdem unsere Reisegesellschaft an Ruinen mit Spiegelkollektoren von „Stiebel Eltron" und „AEG" auf den Dächern vorüberfuhr, und Frau Radix fragte: „Ob das wohl alles bezahlt ist?"

Außerhalb der Städte atmeten wir auf. An den Straßenböschungen blühten Oleander und Hibiskus, mannshoher Ginster drängte an den Wegrand, auch die Hundskamille war riesenwüchsig und schob Ginster und Geranien zur Seite. Gelber Granit stand blank zwischen dem Hartlaub des Unterholzes, abgesprengte Felsmassen türmten sich vor den Kehren ins gewachsene Gestein. Aus einer Senke blitzten die Häuser von Fodele, wo El Greco geboren ist, Rethimnon wölbte sich auf, das venezianische Kastell, das türkische Minarett. Chania kam in Sicht, die Markthalle, die Schustergasse, der Balkon mit den Bougainvillen. Herr Pauschal wollte fotografieren, er eilte voraus, sprang zwischen Verkaufsstände, drang durch geöffnete Haustüren, es gelang ihm nicht. „Immer ist jemand von der Reisegruppe im Bild“, klagte er, „ich kann doch nicht ein paar Kilometer voraus laufen!“ Herr Pauschal war nicht an unseren Köpfen, nicht einmal an Frau Pauschals ondoliertem Blondschopf interessiert: Er wollte das Unverstellte auf die Platte bannen, Einheimische in ihrer Umgebung, Kreter unter sich. Hatte Herr Pauschal etwa Stimmen in den Lüften gehört, verführerischen Gesang vernommen? Hier herrschten die Musen.

Einst stritten Sie über dem Felsen von Áptera mit den Sirenen, da gab es keine Rettung für die betörenden Lockvögel: Sie warfen ihre Flügel ab und stürzten in die Bucht von Chania, wo wir zwei Federn fanden, als wir den Uferpfad entlangspazierten.

Im Kloster Goniá sahen wir das Bild von Johannes dem Täufer, nach dem wir unseren Reisegenossen benannt hatten. Den schmalen Kopf rahmt ein Bart ein: Johannes, genau von vorn gemalt, sieht kränklich und grämlich aus und ist doch zu einer hoheitsvollen Respektsperson erstarrt. „Aber so sieht doch kein Mensch aus", sagte Frau Radix und schüttelte sich, als habe sie ein kaltes Grausen erfaßt, Evangelos schaute sie mitleidsvoll an und erklärte, die byzantinische Malerei hätte sich nicht um die Natur und ihre Gesetze gekümmert, „sie hatte das Göttliche im Sinn, das Heilige, das weit Entfernte, das Unerreichbare." Doch Frau Radix gab sich nicht zufrieden und meinte: „Bei den Kretern ist das wohl heute noch so." Evangelos blieb unbeirrt, er führte uns von Bild zu Bild, hob die Hand und zeigte, öffnete den Mund und sprach.

Er malt nicht in Worten aus, was man mit eigenen Augen sehen kann, nicht einmal Helligkeiten und Dunkelheiten, Linien, die sich treffen und kreuzen aus Gründen der Form, sind es ihm wert, Worte darüber zu verlieren: Evangelos deutet das Geschaute, doch im Ausdeuten setzt er seine Worte in aller Vorsicht, und weil er an eindeutigen Wahrheiten zweifelt, läßt er Spielraum für das Vermuten. „Ahnen und Wähnen", sagte er, indem er unter die dreiteilige Bilderwand trat und die Hand über die farbigen Flächen führte, „Sie haben schöne Wörter im Deutschen, mit denen Sie das Ungefähre ausdrücken können." Er zeigte auf Gesten, die er als heilende, wies auf Gebärden, die er als segnende beschrieb, eröffnete uns Handzeichen, Fingerzeige, Winke des Himmels, schilderte ganze biblische Geschichten und legte sie aus. „Die byzantinische Malerei", sagte er, „sie ist das Lesebuch der Analphabeten." Dann schwieg er und ließ uns in Betrachtung allein. Über den drei Konchen wölbten sich drei Himmel, an denen goldene Sterne glänzten. Ein Pope saß im Wandgestühl und ließ die Perlen seines Rosenkranzes durch die Finger gleiten. Es war mucksmäuschenstill in der Kapelle, ich stand unter dem Sternenhimmel den Heiligen gegenüber, die mir alle in die Augen sahen, als sei ich zu einem Disput gekommen. Es fehlte nicht viel, und ich hätte das Wort an sie gerichtet, doch ich fürchtete, die Stille zu brechen und schwieg: Da trat Frau Pauschal in eine kupferne Opferschale, die auf dem Steinfußboden lag, es klirrte und schepperte, alle Vasen schienen zerspringen zu wollen, alle Fensterscheiben zu explodieren. Frau Pauschal schob die Schale mit dem Fuß zur Seite und meinte: „Wieso liegen diese Dinger hier auf dem Boden rum?"

Evangelos stand ein paar Schritte von uns entfernt mit dem Rücken zur Wand. In diesem Augenblick hätte ihn die Kühnheit des kretischen Löwen beseelen müssen, energisch vor Frau Pauschal zu treten, mit Zorn in den Augen und einem tadelnden Wort auf der Zunge. Doch rücksichtslose Einfältigkeit triumphierte über Courage und feine Art: Evangelos schloß die Augen und kniff die Lippen zusammen –, und niemand war bereit, ihm beizustehen.

An der Westküste, in weit geschwungener Bucht zwischen grob zersägten Felsenklippen, liegen die Ruinen der antiken Hafenstadt Falásarna. „Einst ein Hafen der Dorier“, erklärte Evangelos, den ich unverzüglich verbesserte, indem ich schamlos ausrief: „Der Dorer!“ Augenblicklich schoß mir das Blut in den Kopf, ich ärgerte mich über meine Wichtigtuerei, wollte mich entschuldigen oder besser noch in einem Mauseloch verkriechen, doch Evangelos schaute mich verständnisvoll an und sagte: „Der Dorer.“ Wir saßen zu Füßen des Hafenturms auf behauenen Zyklopensteinen und lauschten unserem Reiseleiter, der aus dem 19. Gesang der „Odyssee“ rezitierte. Beim Lauschen auf Evangelos' Stimme zog ein wärmendes Gefühl durch meine Glieder, je länger er sprach, umso mehr breitete sich dieses Gefühl aus, ein leichter Schauder rieselte über Arme und Rücken, und die Wärme zog bis in die Haar- und Fingerspitzen.
„Kreta ist ein Land im dunkelwogenden Meere“, deklamierte Evangelos, Herr Pauschal schaute sich um, Frau Radix folgte seinen Blicken, und Johannes der Täufer, von den Kopfbewegungen beirrt, erhob sich und ließ seine Brillengläser hinterdrein blitzen. Auch die Frau aus dem Mainzer Umweltministerium riskierte ein Auge, sie unterbrach Evangelos und verwickelte ihn in eine geomorphologische Auseinandersetzung. „Hat sich dieses dunkelwogende Meer nun um acht Meter gesenkt oder ist das Land acht Meter aus dem Meer

emporgestiegen“, wollte sie wissen, und ob diese ausgeschachteten Gruben in den Klippen wohl alte Steinbrüche oder antike Hafenbecken gewesen seien. „Da ist ja noch nicht mal Wasser drin!“ sagte Herr Pauschal.

Evangelos legte sich nicht fest, er spann das Garn der Theorien weiter aus und knüpfte die spärlichen Fäden wissenschaftlicher Deutung kunstvoll ins Netz der Mythologie. In meinem Kopf hallte homerischer Gesang wider, ich schloß die Augen, um nicht von morphologischen Überlegungen verwirrt und in Zweifel gestürzt zu werden, ob nun Odysseus' schöngeschnäbeltes Schiff einst hier an die Küste verschlagen wurde oder nicht. Am Ende kam es mir vor, als sei ich der einzige, der den Versen des Dichters nachlauscht, als sie längst verklungen und im Austausch vernünftiger Erklärungen untergegangen waren. Er warne natürlich davor, historische Gegebenheiten mit Geschichten aus der Mythologie zu verwechseln, sagte Evangelos, klatschte in die Hände und mahnte zum Aufbruch. „Vorwärts, Kameraden, es geht zurück!“ rief er und zwinkerte mit den Augen. „Das ist aber kein Ausspruch der Deutschen, das ist ein Ausspruch der Italiener“, sagte Dr. Radix. „Der Österreicher!“ verbesserte Herr Pauschal und stellte die Ordnung der Dinge wieder her.

Unterhalb des deutschen Soldatenfriedhofs von Máleme liegt eine Kaserne griechischer Fallschirmjäger. Als wir zwischen den Gräberreihen standen, tönte aus der Lagergasse rhythmisches Kampfgeschrei zu uns herauf. „Das ist die richtige Atmosphäre!" sagte Frau Radix.

Immer und immer wieder drang ein Schwall Blütenduft aus den Orangenhainen von Chania zu uns in den fahrenden Bus. Noch hingen die letzten Früchte in den Bäumen, und schon blühten sie von neuem. Die Straße war eng geworden, Jorgos schaltete einen Gang zurück. Steil aufwärts in spitzen Kehren und an bodenlosen Abgründen vorüber erreichten wir Lákki, das längsseits auf einer Felsrippe über den Schlünden liegt. Und noch einen letzten Anlauf nahm der Bus durch das spärliche Hartlaub des Gebirgsmassivs, überquerte die Paßhöhe und glitt zur Hochebene von Omalós hinab. Hinter Xilóskalo hielt Jorgos an. Die Straße war zu Ende, der Abgrund tat sich auf, und das Drama begann: Die Wandergruppe trat zwischen die Felsgrate der Samaria-Schlucht. Hermann setzte den festen Schuh aufs Gestein. Dr. Radix bemaß den Schritt nach der Breite der Treppentritte, und der rotblonde junge Mann mit dem Schnauzbart suchte in Sprüngen die Tiefe zu erreichen. Die Rüstigen eilten voraus, es folgten die Zaghaften: Sie probierten jedes Schrittchen, bevor sie den Fuß auf einen glatten Kiesel setzten, hielten ein, sobald ein Steinchen ins Rollen kam, suchten den Boden auf, wenn ein steileres Stück ihren Wagemut herausforderte. Es war ein Schnaufen und Keuchen, und auch die ersten Schreie hallten aus der Tiefe.

Fast alle waren zum Abstieg entschlossen, und jeder hoffte, in sechs oder sieben Stunden vor Agia Roúmeli aus der Schlucht wieder aufzutauchen. Auch Frau Pauschal, die sich rückwärts von Stufe zu Stufe vorwärts bewegte und Herrn Pauschal nicht von der Hand ließ. „Einen Fuß vor den anderen setzen", sagte Herr Pauschal, „und hab dich nicht so!" Aber auch Johannes der Täufer hatte seine liebe Not mit Brunhilde, die nicht recht von der Stelle kam. Sie trippelte und stakste, tappte einmal auf den Hacken, stelzte ein andermal auf den Zehenspitzen, eine natürliche Fortbewegung wollte ihr nicht gelingen. Nur Schneewittchen schwebte dahin, als sei ein Abstieg in die Schlucht von Samaria keine Hadesfahrt. Sie hatte sich Gott befohlen wie Schneewittchen im Märchen, wie hätte sie sonst so leichtfüßig und tapfer den Weg hinab in die Unterwelt nehmen können!

Während die Gruppe in der Tiefe der Schlucht versank, kehrten wir um und fuhren mit Jorgos nach Chora Sfakion, wo wir die Wanderer am Abend wiederzusehen hofften. Wir waren zu dritt, Herr Bökenkamp hatte sich uns zugesellt, auch er fürchtete die Gefahren der Tiefe, die Geister der Unterwelt: Charon, den Seelenfährmann, Zerberus, den Höllenhund. Der zarte Herr Bökenkamp, was wäre ihm dort drunten widerfahren, wenn er im Geröll ausgerutscht, auf einem Kieselstein schiefgetreten und in den Styx gefallen wäre, der das Totenreich umströmt? „Meine Augen sind schwach geworden", sagte Herr Bökenkamp, „es ist mir zu riskant, da hinabzusteigen, vielleicht den Fuß zu verstauchen oder das Bein zu brechen." Herr Bökenkamp war im Schuldienst tätig gewesen, er kannte Vergils Hirtengedicht und Ovids Metamorphosen, ihm genügte das Wort. Er roch den Duft der Blüten, atmete den Hauch des Bodens ein, damit gab er sich zufrieden. Während wir durch die Weißen Berge fuhren, versenkte er sich in die Straßenkarte und folgte mit dem Finger dem

Verlauf der Route. Er brauchte nicht aus dem Fenster zu schauen, auf der Innenseite seiner Augendeckel spiegelten sich die Bilder, die ihm die Phantasie eingab; Herr Bökenkamp schöpfte aus sich selbst. Kaum hatte er die Straßenkarte zusammengefaltet und im Netz des Vordersitzes verstaut, holte er sie wieder hervor, faltete sie auseinander und führte den Finger von neuem der Route nach. Aus Strichen, Zeichen und Buchstaben entband sich ihm die Landschaft der Insel: Als wir nach Frangokástello kamen und unter dem Sonnendach der Taverne einen Schattenplatz aufsuchten, setzte er sich mit dem Rücken zum Meer.

Vor seinen Augen sprang der Fels der Steilküste auf, hinter seinem Rücken schlugen die Wellen des Libyschen Meers an den Strand: Herr Bökenkamp schaute zur Theke der Taverne, er lauschte dem Geplärr arabischer Musik, das aus klotzigen Lautsprechern drang, dann lächelte er, schloß die Augen und sagte: „Mir ist, als sei ich in Afrika."

In der Nacht zum 17. Mai spukt es im Frankenkastell, dann ziehen die Geister der kretischen Freiheitskämpfer um die Mauern der Burg, schnauzbärtige Recken mit Dolchen in der Hemdbrust; ihr Anführer ist nur noch ein Knochengestell mit Fleischfetzen, denn die Türken haben ihn seinerzeit bei lebendigem Leibe gehäutet. Auf hohem Podest, vor einem üppig blühendem Oleanderbusch steht seine Büste aus weißem Marmor, er trägt das Brigantentuch um den Kopf geschlungen, den Schnurrbart gezwirbelt, im Brustausschnitt seiner bestickten Weste stecken zwei Revolver, alles aus Marmor: Er hat etwas von Clark Gable wie Alexis Sorbas von Anthony Quinn, der zwar ein Indianer aus Chihuahua ist, doch aussieht, als sei er ein echter Kreter. „Fata Morgana" heißt die Taverne von Frangokástello: Die Luftgeister der Rebellen hatten sich noch nicht zusammengerottet, es war hellichter Tag, als wir den Ort wieder verließen, die weißen Dörfchen hingen wie Berberkasbahs in den Steilhängen, doch Herr Bökenkamp, der Wortmensch aus Westfalen, schloß wieder die Augen, damit ihn die Linien und Farben nicht ablenken konnten von seinem inneren Bilderspiel.

Als wir in Chora Sfakion anlangten, liefen gerade die Boote aus. Die Fischer ließen die Netze durch ihre Finger gleiten, knüpften Fäden, schürzten Knoten, es war später Nachmittag, und die Mole leerte sich rasch. Wir saßen unter dem Sonnenschutz eines Cafés, tranken und warteten. Wir tranken Tee, tranken Sodawasser, tranken Metaxa, wir warteten auf unsere Wandergruppe aus der Samaria-Schlucht, die mit der Fähre von Agia Roúmeli zu uns herüberkommen würde. Es war ein sonniger Nachmittag; Herr Bökenkamp hatte sich in ein Café zurückgezogen, um Ansichtskarten zu schreiben, Brigitte und ich saßen faul unter einem Sonnenschirm und schauten zu, wie eine Handvoll Touristen die Hafengasse auf- und abspazierte: Männer im vorgeschrittenen Alter mit viel zu kurzen Hosen, eine ältere Dame mit viel zu langem Haar. Der Wind griff unter ihren knöchellangen Wickelrock, wehte ihn auseinder, so daß eine weite gebleichte, längst aus der Mode gekommene Unterhose sichtbar wurde.

Plötzlich lief die Fähre ein. Sie spuckte Aberhunderte von Reisenden auf die Rampe, auch unsere Samaria-Gruppe. Doch welch ein Anblick! Welch erbarmungswürdige Rückkehr! Erschöpfte, die ihre Lüste nicht gezügelt, Wagemutige, die ihre Kräfte überschätzt hat-

ten! Einem manchen wollte das Gehen nicht mehr gelingen, einige gab es, denen das natürliche Koordinieren ihrer Glieder versagte. Da kamen Rollfüßler und Eiertänzer, wandelnde Glocken und schaukelnde Fregatten über die Mole gewankt, der Herr aus Wilhelmshaven schlurfte nur noch mit seinen Sandalen, die nette Dame aus Berlin knirschte in ihren orthopädischen Schuhen. Am schlimmsten war es der Frau von Johannes dem Täufer ergangen: Nur mit Füßen und Knien einwärts glückte die Fortbewegung, sie schleppte sich voran, gestützt auf Johannes den Täufer, der sein Hörgerät ausgeschaltet hatte, um nicht den Klagelauten dieser gequälten Kreatur ausgesetzt zu sein.
Deutsche Härte, deutsche Zähigkeit, deutscher Durchhaltewille! Doch aus der Tiefe kam auch Schneewittchen hervor, unverwundet, unversehrt. Ja, Fräulein Rehbein vom Donnersberg war nirgends angestoßen, nicht gestrauchelt, nicht gefallen. Sie hüpfte einher auf leichten Sohlen, denn sie ist ja beschützt von höheren Mächten. Selbst wenn sie eines Tages in einem gläsernen Sarg liegen wird wie Schneewittchen, dann wird auch ihr der schöne Prinz erscheinen, der sie sehen, ehren und hochachten will. Man kann sich gut vorstellen, wie sie dann den Deckel vom Sarg in die Höhe hebt, sich aufrichtet und ausruft: „Ach Gott, wo bin ich?" Frau Radix kam als letzte von der Fähre herunter. Sie schüttelte den Kopf und sagte: „In der Hölle! Das ist nicht zu vergleichen mit Bergwandern in den Alpen."

Während Evangelos die Geschichte von Pan und Syrinx erzählte, quälte sich der Bus durch Pinien- und Olivenhaine zum Kloster Arkadi empor. Hier ließ Abt Gavril am 9. November 1866 das Pulvermagazin in die Luft sprengen, um nicht mit seinen eingeschlossenen Mönchen und Freiheitskämpfern in die Hände der Türken zu fallen. Arkadi ist kretisches Nationalheiligtum, Pilgerstätte, Mahnmal: Im Kirchenraum steckten Leute Opferkerzen auf, schlugen Kreuze, küßten Heiligenbilder, knieten vor der geschnitzten Altarwand und schauten zu ihrer Gottesmutter auf. Herr Pauschal versuchte zu fotografieren, aber Schneewittchen trat ihm tapfer entgegen, breitete seine zierlichen Hände aus und streckte sie vor das unverfrorene Objektiv. „Was soll denn das schon schaden?“ wollte er wissen, „ich fotografiere ja ohne Blitz. Und schauen Sie sich doch den Dreck und Mörtelstaub an. Schadet das den Bildern vielleicht nicht?“
An den Wänden des Klostermuseums präsentieren sich die Freiheitskämpfer auf vergrößerten Fotografien, es sind schnurrbärtige Rebellen in martialischen Posen: auf Felsblöcken sitzend, auf Musketen gestützt, vor Eseln postiert, alle in starrer Haltung wie Johannes der Täufer auf byzantinischen Ikonen. „Man erkennt das Hieratische, das Abgehobene dieser Männer“, sagte Evangelos, entsann sich seiner Vorliebe für dialektische Gedankenspiele und fügte hinzu: „Aber auch das Verklemmte. Aber bitte, ich möchte weder die

Maler noch die Fotografen und schon gar nicht die Männer schmähen, die sich so sehen wollten. Das war eben so."

Von draußen klang Kriegsgeschrei an unsere Ohren, Schulklassen quollen durch das Tor, überschwemmten den Innenhof und stürmten die Ruine des Pulvermagazins, als habe Mustafa Pascha erneut zum Angriff blasen lassen. Pauschals stürzten aus der Tür des Museums, sprangen mit ihren Fotoapparaten die Treppe hinunter und eilten den Kindern nach. Eine Weile später trat Stille ein, ich stand unter der Zypresse, die seit der Explosion von 1866 ihre nadellosen Äste in den Himmel streckt, es schüttelte mich, ich schaute bestürzt den Kindern nach, die in diesem Augenblick kreischend wieder den Klosterhof verließen. „Ich hab' die Bengels fotografiert", sagte Herr Pauschal, „sind doch hübsche Bengels, diese kleinen Griechen, hübscher als diese Araber, diese Türken."

Vom Dörfchen Amnatos aus spazierten wir hinaus in alte Obst- und Olivenhaine. Vor den letzten Häusern kam uns ein altes kretisches Paar entgegen, die Frau hielt zwei Ziegen am Strick, der Mann trug eine gelbe Wasserflasche in der Hand und zwei Plastikbeutel über dem Rücken. Die Frau von Johannes dem Täufer ging auf die Ziegen zu, beugte sich hinab und streichelte eine der beiden. Die alte Frau lächelte und fragte: „Germania?" „Wer sollte sonst wohl so freundlich zu Ziegen sein", sagte die Frau von Johannes dem Täufer und drückte ihren blonden Haarknoten.

Kreta blühte. Es war Pans Stunde. Salbei duftete betäubend, mischte sich mit dem würzigen Geruch von Orangenblüten, der Wegrand explodierte von Farben. Distel und Habichtskraut blühten unter alten Ölbäumen, deren Wurzelstöcke wie Drachenschwänze ineinander verflochten waren. Auf einer Mauer leuchteten Mohn und Kamille, die Glocke einer Kapelle schwang sanft im Wind, doch die Glockenwand blieb stumm, denn der Klöppel, von dem ein Seil auf den Boden hing, berührte sie nicht. Die Luft war bewegt von Vogelgezwitscher.

In Virán Episkopi kehrten wir in der Gaststätte „Zum Guten Herzen" ein und tranken ein paar Rakis. Ioannis Politakis, der alte Wirt, klagte auf der Brust. Auf kleinem Tablett brachte er erst die Rakis, dann Kaffeetäßchen und Wassergläser vors Haus, stellte sie auf einen Stuhl und erzählte von Deutschland, wo er in den fünfziger Jahren gearbeitet hatte. „O Deutschland!" sagte er und schlug sich auf die Brust, „dort habe ich dicke Zigarren geraucht und mir die Lunge zerstört." Ioannis Politakis, der alte Gott Pan mit der Knollennase und dem Dreitagebart, wenn er seine Hose aufkrempeln würde, könnte man die Bocksbeine sehen! Er zwirbelte sich den Schnurrbart, wischte sich die Hände an seinem schwarzen Pullover ab und meinte: „Grüßen Sie Deutschland von mir, und rauchen Sie nicht so viele Zigarren."

Spät am Nachmittag saßen wir unter Maulbeerbäumen auf einer Terrasse hoch über dem Flußtal des Mylopótamos. In der Ferne, hinter Wein- und Ölgärten, erhob sich der Berg Ida. Idarwald, Idargebirge! Manchmal ist es nur ein Buchstabe, der fehlt, oder einer, der zuviel ist: schon bricht eine ganze Welt zusammen, oder eine neue taucht auf, habe ich in einem meiner Romane geschrieben. Als ich ein Kind war und mein Großvater mir vom Idarwald erzählte, da konnte ich nicht wissen, daß es auch ein fernes Idagebirge gab. Noch hatte ich nicht lesen gelernt, obwohl mir auch niemand erzählt hatte

von diesem anderen Gebirge, wehte mich ein geheimnisvoller Zauber an, und abends, vor dem Einschlafen, wenn ich im Bett lag und schon die Augen geschlossen hatte, sah ich Landschaften und Figuren aus alten Bilderbüchern lebendig werden.
Nun, mehr als fünfundfünfzig Jahre später auf der Terrasse in Margarites, kniff ich wieder die Augen zusammen, und wieder belebten sich die Bilder aus den alten Büchern. Aber diesmal sah ich den Berg vor meinen Augen liegen, ich blinzelte ihm entgegen, zwinkerte ihm zu, ich kannte ihn schon, lange bevor ich ihn zu sehen bekam. Der Berg, mit Schneeflecken in den Schrunnen und einem Wölkchen über dem Gipfel, erschien mir scharf in den Konturen und hell in den Farben, als hätte Segantini ihn gemalt. Ich öffnete das Notizbuch, das vor mir auf dem Tisch lag, und schrieb es hinein. Herr Pauschal sah meine zerfurchte Stirn, ich hörte, wie er zu Hermann sagte: „Ihr Bruder hat wohl einen schweren Beruf. Da fällt einem nicht immer was Passendes ein."

An Christi Himmelfahrt führte uns Evangelos durch die Totenstadt von Armeni. Im schmalen gemauerten Eingang, durch den die Treppe hinab in die Grabkammern führt, blieb Frau Radix plötzlich stehen, drehte sich um, griff an ihren Hals und flüsterte mit erstickter Stimme: „Mir stockt das Blut in den Adern. Da geh' ich nicht rein." Sie röchelte, rang nach Luft und fügte leiser hinzu: „Da stinkt's ja, und haben Sie nicht gerochen, wonach es hier stinkt?" Ein feuchter Dunst schlug uns entgegen, es roch nach Wald und Frühlingswärme, so wie es nach einem langen ergiebigen Regen riecht, und ich dachte mir: Hier fühlte sich der tote Minoer geborgen, hier konnte er in seiner spielerischen Lebensart froh und lustvoll weiterleben. Schneewittchen, das ja auch schon im Glassarg gelegen hatte und wissen mußte, wie es ist, wenn man bereits einmal gestorben war, nickte mit dem Kopf, schlug die Augen auf und schaute vertrauensselig in die Runde. Wessen Gräber waren das eigentlich? „Es gibt Theorien", sagte Evangelos, „jeder Archäologe, jeder Theologe, jeder Philosoph hat seine eigene Theorie." Und weiter spann er seine theorienfreundlichen Geschichten vom Werden und Vergehen aus, kam auf Zeus und Io und das Ionische Meer zu sprechen: Im sanften Plätschern seiner Stimme rauschten Wellen auf, ich sah Io in den Wellen versinken, es schäumte das Meer, es schäumte Evangelos' Speichel, und als er mit seinen Erzählungen am Libyschen Meer an-

gekommen war, hörten wir die Wellen lauter aufrauschen, und da wußten wir, daß wir selbst am Libyschen Meer angelangt waren.
Vor dem Kloster Preveli wurden frisch geschorene Schafe auf die Weide entlassen. Ein Schäfer ergriff die Tiere nacheinander bei den Vorderbeinen, warf sie zu Boden, ein zweiter setzte ihnen eine Spritze in die Hinterbacken, stellte sie wieder auf die Beine und schubste sie mit rüden Stößen über die Straße. „Von Tierschutz haben diese Leute hier in Kreta auch noch nichts gehört", empörte sich die Frau aus dem Mainzer Umweltministerium, wandte sich an Herrn Pauschal und sagte: „Sie sollten nicht immer nur alte Steine und Bilder fotografieren! Fotografieren Sie das mal!" Doch Herrn Pauschals Fotoapparat war defekt, es nutzte nichts, daß er mit den Klappen spielte, an den Hebeln fuhrwerkte und den Apparat wie besessen in der Luft hin- und herschüttelte: Der Auslöserknopf ließ sich nicht mehr bewegen, oder sträubte sich gar das deutsche Objektiv vor so viel kretischer Grobheit? „Wir haben zwar noch einen zweiten Apparat", sagte Herr Pauschal, „damit fotografiert aber nur meine Frau. Sie können sich vorstellen, was dabei herauskommt." Auf dem Brunnenstein lasen wir das griechische Palindrom: „Wasche nicht nur dein Gesicht, sondern wasche auch deine Seele", gleichlautend von vorne nach hinten und von hinten nach vorne zu lesen, so daß das Gesicht die von rückwärts gelesene Seele und die Seele das von vorne gelesene Gesicht ist, je nachdem, von welcher Seite man sie betrachtet. „Hier macht's nix, daß der Apparat nicht mehr funktioniert", sagte Herr Pauschal, „ist sowieso nur griechisch."
Steil steigt der schroffe Fels in die Tiefe, in den verkarsteten Hängen gedeiht nur stachlige Macchia. „Gott suchte man immer nur in gott-

verlassenen Gegenden“, sagte Evangelos und bat uns in die Klosterkirche. Dort schwelgten wir, den Kopf vollgesogen von Weihrauchduft, im Goldrausch der byzantinischen Bilder. Evangelos zeigte uns den roten Drachen, das weiße Lamm und die goldene Stadt Jerusalem mit den zwölf Toren in der Mauer und den zwölf Engeln auf den Toren. Er schlug die Bibel auf und las: „Vom Morgen drei Tore, von Mitternacht drei Tore, vom Mittag drei Tore, vom Abend drei Tore“, und was wir auf dieser prächtigen Altarwand aus Zypressenholz sahen, war so gemalt, wie es im Buch steht.

Ganz unten auf dem Bild aber liegt Arius, der Alexandriner, ein alter geschlagener Mann zu Füßen von Kaiser Konstantin. Frau Radix kniff die Lippen zusammen, rieb die Augen, rümpfte die Nase. Wie gut hatte es Arius mit den Menschen gemeint, als er die Wesensgleichheit Christi mit Gott verneinte und die Gläubigen nicht lebenslang der Anstrengung aussetzen wollte, einen gewöhnlichen Menschen als Gott ansehen zu müssen. Evangelos rief uns vor das Bild, wies mit seinem langen Zeigefinger auf den armen, alten Mann, zitierte Wulfila, den arianischen Goten, und wiegte bedenklich den Kopf. „Am längsten haben die Langobarden ihre Treue zu Arius gewahrt“, sagte er, worauf sich Frau Radix' Miene mit einem Schlag aufhellte. Sie glaubte vielleicht in Evangelos einen verspäteten Arianer erkannt zu haben, denn sie meinte schlankweg: „Ja, die Germanen waren eben vernünftiger als diese Griechen und Römer.“ Noch zwölfhundert Jahre danach erschien den Deutschen der Splitter von Jesu Kreuz, den wir in einer Vitrine ausgestellt sahen, als ein gewöhnliches Stück Holz, das man jedem Dummkopf für viel Geld andrehen kann. Was heißt Reliquie? Was bedeutet frommes Andenken? Die deutschen Besatzungsoffiziere wollten den Splitter an einen Antiquitätenhändler in Chania verkaufen, doch der Kreter war längst kein Arianer mehr, er weigerte sich, den heiligen Gegenstand anzunehmen; selbst drei Flugzeuge, die den Splitter nach Deutschland bringen sollten, hoben nicht von der Startbahn ab, und das Stück mußte im Kloster bleiben. „Was man uns nicht alles weismachen will", sagte Frau Radix, „wenn doch wenigstens der Apparat von Herrn Pauschal funktionieren würde, dann könnte man das Ding und den ganzen Zirkus drumherum fotografieren."

In der Kourtaliotiko-Schlucht begegneten wir wieder einem alten kretischen Paar. Der Mann saß auf dem Esel, die Frau führte das Tier am Zügel. Es war schon später Nachmittag, und die Schatten der drei Figuren zeichneten sich in scharfen Umrissen auf der Asphaltstraße ab. Der Mann auf dem Esel, die Frau zu Fuß nebenher, das dürfe doch wohl nicht wahr sein, entsetzte sich Frau Pauschal, zupfte Evangelos am Ärmel und fragte: „Ich dachte, die hätten hier Matriarchat?" Evangelos strich sich über den Schnurrbart, rollte seine dunklen kretischen Augen, löste sich behutsam aus Frau Pauschals Fängen und sagte: „Das war vor viereinhalbtausend Jahren, und das ist lange her."

Dann schloß er die Augen für einen Moment, als wollte er, sich rasch besinnend, gegen seinen Unmut auflehnen, den Frau Pauschal in ihm entfacht hatte. Er öffnete den Mund wieder, biß auf die Zähne, schluckte ein paarmal und hielt seinen Mißmut gewaltsam zurück. Ein heftiger Kampf, dessen äußere Zeichen er nicht vor aller Augen bekunden wollte, schien in ihm entbrannt, doch es fiel ihm schwer, sie zu unterdrücken. Es war ihm anzumerken, daß er nicht gewillt war, vor unverschämter Dummheit zu kapitulieren, doch ebenso offensichtlich war sein Entschluß, sich nicht in sinnlose Konflikte einzulassen. „Was ist Patriarchat, was Matriarchat?“ fragte er, und Heraklit zitierend kleidete er den ewigen Wechsel des Immergleichen in dessen philosophische Erkenntnis: „Das Kalte wird warm, Warmes wird kalt, Nasses wird trocken, Dürres wird wieder feucht.“

Am Abend war der Berg Ida in dichten Dunst gehüllt. Vom Dorf Zaros aus spazierten wir bergauf zu einem kleinen See, stiegen weiter durch Salbei- und Liebstöckelduft über Sand und Geröll zum Kloster Agios Nikolaos hinauf. Die Wandmalereien der Kirche sind längst schwarz geworden von Salz und Kerzenrauch, die auf Holz gemalten Ikonen in der Altarwand dagegen glänzen, als seien sie frisch gefirnißt. Evangelos sprach wieder. Johannes der Täufer drückte die Stöpsel seines Hörgeräts fester in die Ohren, seine Frau trat in die erste Reihe, faßte mit kühnem Griff das Leichentuch des heiligen Lazarus an und hielt es sich an die Nase, um daran zu schnuppern. Der arme Lazarus sei wohl wirklich tot, meinte sie, da sei nix mehr zu riechen, neinnein, da käme nix mehr rüber. „Wieder eine Geschichte für die Analphabeten“, sagte Evangelos und schielte nach der Rakiflasche, die auf der Hofmauer glänzte.

Im Kloster wohnen noch drei Nonnen mit ihrem Seelsorger. Oder ist es der Gärtner? Er saß mitten im Klosterhof auf einem Stuhl und hieß die Nonnen Walnüsse und Sultaninen bringen, die wir zum Raki verzehrten. Davon wurde mir warm im Mund, warm im Magen, warm in den Knien, ich schaute nach den anderen, denn auch deren Augen waren übergegangen, und ich dachte mir, wie kurios es doch auf der Welt zugeht: In Italien gibt es die schön geformten Flaschen, der Grappa daraus schmeckt oft nach Benzin. Hier in Kreta gibt es den köstlichsten Raki aus dem Benzinkanister. Ich aß noch eine Sultanine und trank noch einen Schluck, es würde mich nicht gewundert haben, wenn die orthodoxe Kirche mit dieser Wegzehrung ein paar Seelen zu sich hinübergezogen hätte.

Am siebten Tag der Reise, den Evangelos mit Zitaten aus der Apostelgeschichte begann, wich Herr Bökenkamp nicht von meiner Seite. Ich stellte mich Evangelos gegenüber, wo immer er Position bezog, Herr Bökenkamp war stets in meiner Nähe, schaute mir über die Schulter in mein Notizbuch, beugte sich vor, um mein Gesicht zu sehen, und als Evangelos in den Ruinen der Titusbasilika von Gortis die Landkarte auf dem Altarstein ausbreitete und ich auf die andere Seite des Altars eilte, um seinem Finger folgen zu können, kam auch Herr Bökenkamp herüber und interessierte sich für Paulus' Reiseroute mit dem Schiff. „Wir schifften unter Kreta hin", las Evangelos mit lauter Stimme, „und zogen kaum vorüber, da kamen wir an eine Stätte, die heißt Gutfurt, dabei war nahe die Stadt Lasäa", setzte die Bibel ab und zeigte auf die Karte. „Hier", sagte er und fuhr mit dem Finger an die Küste heran, hier könne man es lesen, Lasäa sei Liménes am blauen Golf, wo es am Strand Tamarisken gebe, die mit ihren rosenroten Blüten wie Federbüsche über das Sandufer wehten, griff wieder nach der Bibel und fuhr fort: „Da aber die Anfurt ungelegen war, zu wintern, bestunden ihrer das mehrere Teil auf dem Rat, von dannen zu fahren, ob sie könnten kommen gen Phönix, zu wintern, das sei eine Anfurt zu Kreta, gegen Südwest und Nordwest." Und wieder zog er die Karte zu Rate, lenkte Herrn Bökenkamps und meine Blicke auf seinen langen Zeigefinger und erklärte, Phönix sei

Finix in der Bucht von Loutro, wo die Schafe das Salz von den Klippen lecken, wohin es aber noch nicht einmal eine Straße gebe: Und mit Evangelos' Stimme erhob sich die biblische Windsbraut, blähte die Segel, ergriff das Schiff, ich hörte die Seeleute hadern und Paulus sie ermahnen, sie sollten unverzagt sein, ein Engel sei in der Nacht an ihn herangetreten – wie Herr Bökenkamp an meine Seite. Während aber der Engel zu Paulus gesagt hatte, er brauche sich nicht zu fürchten, denn Gott habe allen Mitschiffern das Leben geschenkt, war Herr Bökenkamp nicht so gnädig mit mir. „Das alles ist ein bißchen theatralisch", sagte er, „so wie eben die Griechen veranlagt sind." Mich aber schätze er als einen vernünftigen Menschen ein, der wissen müsse, wo die Grenzen lägen, und ich könne doch nicht Wort für Wort alles glauben, was da erzählt würde.

Ich war längst verloren. Die Wörter aus Evangelos' Mund hatten Zauberkraft, und ich konnte nicht widerstehen. Zwischen den wahren Begebenheiten und den erzählten Geschichten gab es keinen Unterschied mehr. Ich bewegte mich in herbeigeredeten Räumen und merkte es nicht einmal. Ringsumher lagen die Mauern nieder, Treppenstufen, Fensterstürze, eine hohe Säule, geborsten wie in Uhlands Ballade, Schneewittchen schwebte einher, es trug seinen griechischen Rock mit Mäanderbändern und einem Fries dorischer Vasen als Bund, Herr Pauschal lehnte gegen ein Mauerstück des Nymphäums und fotografierte wieder, er hatte den Fehler gefunden und seinen Apparat repariert. Nun erschien er mir nicht mehr so lästerlich wie noch vor ein paar Tagen, als er sich den Teufel um Regeln und Weisungen geschert hatte. Es war eine feierliche Stunde. Aus der Kuppel der Basilika tönte Starengezwitscher und untermalte Evangelos' Erzählungen mit fröhlicher Festmusik. Von einer Lineare A, einer Lineare B, von geheimnisvollen Wirkungen des phönizischen Alphabets sprach er und nannte den griechischen Erfinder der Vokale einen Wohltäter der Menschheit. Friede und Einklang herrschten im Odeon von Gortis, der kleine Wortwechsel zwischen Evangelos und Herrn Radix um Ita und Jota und die vierundzwanzig Buchstaben des griechischen Alphabets war kein ernsthafter Disput. Sogar die mächtigen Steinblöcke mit den eingeritzten Gesetzestexten waren keine Steine des Anstoßes, obwohl unsere humanistisch gebildeten Akademiker sie nicht zu entziffern vermochten, weder Dr. Radix noch Johannes der Täufer. Die Texte sind in einem alten dorischen Dialekt verfaßt und verlaufen wie der Ochse pflügt, erst von links nach rechts, weiter von rechts nach links, wieder von links nach rechts und immer so fort, und alle rückwärts laufenden Zeilen in Spiegelschrift, so daß Herr Radix und Johannes der Täufer die Köpfe verdrehten und Herr Pauschal nicht fragte: „Warum haben diese Griechen nicht manierlich geschrieben, daß jedermann es lesen kann?"

Nur Herr Bökenkamp tanzte aus der Reihe, er blieb Skeptiker an diesem Tag. Als wir unter der immergrünen Platane standen, unter der Zeus und Europa ihren Sohn Minos gezeugt hatten, wiegte Herr Bökenkamp den Kopf hin und her, schaute in den Wipfel des Baums hinauf und sagte mit trockener Stimme: „Ich halte es für bedenklich, diese Mythe zur Theorie zu erheben, denn ich bezweifle sehr, daß der Baum im Winter seine Blätter behält." Doch Herrn Bökenkamps Zweifel waren unangebracht, es war Mitte Mai, die Platane stand in ihrem vollen Blätterschmuck wie sonst Laubbäume erst Ende des Monats, und sie warf einen breiten Schatten wie seinerzeit, als Zeus mit Europa von Matala her nach Gortis kam. Leider ist in der Sandbucht von Matala von den beiden keine Rede mehr: „Matala's Bay" und „Bamboo Sand", „Zafiria" und „Romantica" heißen die Hotels und lassen nicht an die alten Götter denken; auch von den „Two Brothers" am kleinen Marktplatz und von Nikos Kephalákis, der deutsch spricht, erfuhren wir keine Neuigkeiten über das Götterpaar, dessen Spuren wir suchen wollten. Also fuhren wir rasch nach Festos und Agia Triada, um wieder minoisches Pflaster unter den Füßen zu spüren.

Nun begann wieder der schöne Tanz, und Evangelos, unser Choreograph, schwang den Taktstock. Wir stampften Ziegelboden, kreuzten Ameisenstraßen, folgten dampfenden Eselsäpfeln und gruppierten uns um Evangelos, der in Mohn und Kamille stand, achtungheischend die Hand hob und den Einsatz zu neuen Positionen, neuen Schritten, neuen Sprüngen gab. Wir setzten die Füße, schnellten die Beine, drehten die Köpfe, wie er es befahl. Auf den Zehenspitzen betraten wir Stufen, streiften durch Kammern, umtanzten Vasen und Sarkophage, wir sprangen im Spagat und schlugen Kapriolen, Schneewittchen drehte sogar eine Pirouette, als Evangelos seine Dirigentenhände über unsere Köpfe kreisen ließ. Evangelos ist einzigartig, nie wieder werde ich auf solche Hände schauen können! Er hat die Gabe, seine langen, schlanken Finger nach außen zu biegen wie der heilige Johannes seinen Zeigefinger im Isenheimer Altar.

Tanz auf dem Alabaster von Agia Triada, Tanz in den Propyläen von Festos, Tanz um Säulen und Pfeiler aus Beton! Herr Pauschal war außer Atem, er hüpfte umher, streifte mit den Fingerspitzen den Eckstein einer Mauer, stieß mit der Hacke seines Schuhs gegen den Stumpf einer Arkade. „Der italienische Beton von Festos ist lang nicht so stabil wie der englische von Knossos," keuchte er, „niemals 1:3!", und reihte sich wieder ein in das heitere Ballett. Nur Herr Bökenkamp tanzte nicht mit. Nein, er hatte keine Lust. Wenn am Vormittag aus seinen Andeutungen zu folgern war, wie schlimm es ihn ankam, daß ich, ein Schriftsteller, den Realitäten nicht gewachsen sei, so ließ seine grämliche Miene am Abend darauf schließen, er werde wohl nie und nimmer akzeptieren, wenn ein Reiseleiter sich in einen Hexenmeister verwandelte, der die Bewegungen einer Reisegruppe in ekstatische Tänze ausarten läßt. Es gelang mir nicht, Herrn Bökenkamp auf meine Seite zu ziehen, er blieb der Einzeltänzer, der sich redlich abmühte, Schritt zu halten.

Jeder Tag ist ein neuer Tag. Und nicht jeder Tag ist wie der andere. Manchmal tanzten wir nach Evangelos' Pfeife, dann waren wir stumm und setzten nur die Beine; ein andermal ließ er uns gewähren, dann trat jeder hin, wo er wollte und schwadronierte darauflos. Doch noch im freiesten Schwadronieren schwangen die Töne mit, die Evangelos angeschlagen hatte, wir waren die Flöten und Trompeten in seinem Orchester, die Zimbeln, die er schlug, die Schellen, die er schüttelte, waren Hall und Widerhall.

Evangelos erzählte die Geschichte der Nymphe Echo, die nur die letzten Worte eines Satzes wiederholen konnte; hoffnungslos und so unersättlich hatte sie sich in ihrer Liebe zu Narzissos verzehrt, daß ihre Knochen sich in Steine verwandelten und nichts von ihr übrig blieb als ihre hallende Stimme. „Was in ihr noch lebt, ist der Klang nur", singt Ovid, und plötzlich hatten sich die Frauen unserer Reisegesellschaft in Echos verwandelt: am raschesten Frau Radix und Frau Pauschal, aber auch die Frau aus dem Mainzer Umweltministerium und Johannes des Täufers Frau lasen Evangelos das Wort von der Zunge und sprachen es ihm nach. Sie sprachen im Gehen, sprachen im Stehen, sprachen von hinten nach vorne und auf Zehenspitzen, und als wir vom Dorfe Vorizia an Schlünden und Abgründen vorüber die Klosterkirche Valsamónero erreicht hatten, sprachen sie nur noch im Singsang byzantinischer Choräle.

Evangelos beschwor die weltabgewandte Glaubensstarre der Heiligenfiguren, nur der Geist zähle, nicht die Natur, sagte er, Christus sei weit entfernt, in himmlische Gefilde entrückt. Vollmundig buchstabierte er die vierundzwanzig Ikonen, die zugleich den vierundzwanzig Strophen eines Marienhymnus und den vierundzwanzig Buchstaben des griechischen Alphabets folgen, führte seine schlanke Hand in einer nicht endenwollenden Vertikale durch die Luft, daß Frau Radix und Frau Pauschal, die ihm wieder hautnah gegenüberstanden, ihre Köpfe recken und senken mußten, als könnten sie die Vokale nur wie Tauben das Wasser unterschlucken. Die Männer blieben gefaßt, sie buchstabierten nicht nach. Einige fielen sogar wieder in eine umstürzlerische Geistesverfassung und zeigten ketzerische Attitüden: Herr Bökenkamp mäkelte wieder, und Herr Pauschal, verwirrt von dieser symmetrisch gegliederten Heiligenwelt, die er nicht einmal fotografieren durfte, sagte zu mir: „Wissen Sie, Jesus ist wohl gar nicht am Kreuz gestorben. Die haben den runtergenommen und gesund gepflegt. Der sah ja schauderhaft aus, so wie der zugerichtet war. Der wurde gar nicht wiedererkannt."
Und eine Stunde später, vor den Heiligenbildern des Klosters Vrondisi, die der Abfolge der Monate nachgeordnet sind, nahm er seine Überlegungen wieder auf und meinte: „Dort das ABC, hier die Monate, alles Faxen! Mir kommt es nur auf die Schönheit an, ist mir egal, ob das Beta hinter oder vor dem Alpha kommt und der August vor oder hinter dem Juli: Im Westen sind wir Gott alle näher als die hier im Osten, die jedes nach der Schnur schlagen. Könnte mir ja egal sein, weil ich schon lange nicht mehr praktiziere, aber als ein Mensch aus dem Westen lasse ich nichts über den Westen kommen."

Unter den beiden mächtigen Platanen picknickten wir am venezianischen Klosterbrunnen. Als unsere Bergnymphen Wasser sahen, eilten sie zu ihm hin und beugten sich nieder. Vier langhaarige Männer aus Stein speien Wasser in ihre Hände, Adam und Eva, denen man die Köpfe abgeschlagen hat, breiten ihre Arme über den Brunnenrand. „Komm zu mir!" sagte Frau Pauschal, ganz Nymphe, ganz Echo, zu ihrem Mann, „hier wollen wir uns einmal zusammen fotografieren lassen", und drückte mir mit freundlichem Augenaufschlag und sanfter Gewalt ihren Apparat in die Hand. Doch ich mußte um Entschuldigung bitten und sagte, nie in meinem Leben hätte ich eine brauchbare Fotografie zustande gebracht, worauf mich Frau Pauschal mit einem mitleidigen Nymphenlächeln anschaute und erwiderte: „Ist das möglich bei einem erwachsenen Menschen?"

Es muß davor gewarnt werden, in Gesellschaft eines Schriftstellers zu reisen. Ein Schriftsteller ist ein hinterhältiger Mensch, vor dem sich niemand verbergen kann. Im Gegenteil, man kann machen, was man will, irgendwann sieht man sein Konterfei von einem Schriftsteller in scharfen Strichen gezeichnet oder findet in einem seiner Bücher einen Satz wieder, den man unbedacht oder in aller Unschuld einmal gesagt hat, entweder schrecklich entstellt oder in einem Zusammenhang, den der Schriftsteller in böswilliger Absicht ganz in seinem Sinne ausgetüftelt hat. Wenn man sich aber entschließt, in Anwesenheit eines Schriftstellers kein einziges Wort zu sprechen, geschieht es, daß man sein äußeres Erscheinungsbild völlig verunstaltet in einer seiner Geschichten wiederfindet. Ein Schriftsteller entdeckt, daß man eine unpassende Nase im Gesicht oder keinen passenden Hintern für die Hose hat. Es kommt sogar vor, daß Schriftsteller sich Vorstellungen vom verborgenen Innern eines Menschen machen, die sie schamlos ausbreiten. Am schlimmsten sind Schriftsteller, die an Märchen glauben. Für sie gibt es nur Schöne und Häßliche, Gute und Böse unter der Sonne, den treuen Johannes und den faulen Heinz, den Eisenhans und das Rumpelstilzchen, die sie alle für Gestalten des wirklichen Lebens halten.
Wer mit einem Schriftsteller reist, muß sich damit abfinden, daß ihm sein Leben von nun an nicht mehr selbst gehört.

20

◄ 18
◄ 19

22

23

◄ 21

24

25

26 ►

29

◄ 27
◄ 28

30

31

32

33

34

35

36 ►
37, 38 ►

40

41

◄ 42
◄ 43

45

46

47

48 ►
49 ►

51

52

55

◄ 53
◄ 54

Zu den Bildern 17 bis 55

*Wo wir auch hinkamen, es wurde fotografiert. Herr Pauschal sprang zwischen Verkaufsstände und drang schamlos durch geöffnete Haustüren, Frau Radix und manch anderem gelang es nicht, ein Motiv unverstellt vor die Linse zu bekommen: Immer stand irgendein störender Reisegenosse im Weg. Wie erfreulich ist dagegen ein ausgeklügelter heimlicher Blick auf das Minarett der Moschee in Rethimnon (**17**), ein freier menschenleerer Blick auf die Fortezza von Rethimnon (**19** und **21**), die Sultan Ibrahim-Moschee von außen (**18**) und von innen (**20**) und die Kapelle St. Spiridon im Innenbezirk des Kastells (**22**).*

*In der Bucht von Chania sahen wir die Angler (**23**) und den Leuchtturm (**24**), dann lenkte Evangelos unsere Schritte zum Geburtshaus des Malers El Grecco (**25**), danach zur Kreuzkuppelkirche Panagia Loumbinies am Ortsrand von Fodele (**26**).*

*Er zeigte uns das Kloster Gonia an der östlichen Steilküste der Halbinsel Rhodopos (**27** und **28**) und führte die Wagemutigen durch die schroffe Samaria-Schlucht (**29** und **30**).*

*Der künstlerisch anspruchsvolle Fotograf gibt nicht eher Ruhe, bis er sein reines Bild gefunden hat. Erst dann betätigt er den Auslöser und sieht mit innerem Auge das fotografische Meisterwerk voraus: das Kloster Preveli hoch über dem Lybischen Meer (**31**), das Ida-Gebirge im Landesinneren (**32**), den kretischen Bauer, hoch zu Roß vor seinem Ölgartenzaun (**33**). Wir betrachten: Kloster Arkadi mit seinen venezianischen Renaissance-Kunstwerken (**36** bis **38**), die Gedenkstätte für Abt Gavril und seine Freiheitskämpfer (**34**) und den festungsartigen Umgang des Klosters (**35**).*

*Wir sahen die Messara-Hochebene mit dem Ida-Gebirge (**39**), den Palast von Festos und die Ausgrabungen Richtung Kamares-Höhle im Ida-Gebirge (**42**), die Treppe, über die man in den Westhof hin-*

*absteigt (**41**), die Freitreppe, die zum älteren Palastbezirk hinaufführt (**40**), das Megaron des Königs im nördlichen Palastbezirk (**43**). In Gortys die Kapelle in der Apsis der Titus-Basilika (**44**), das Odeion mit seinem überdachten Vortragssaal vom Ende des 1. Jahrhunderts nach Chr. (**45**) und die von den Römern in den Bau eingezogene Rechtsinschrift (**46**). Ein Fassadenteil des Katholikons von Moni Governeto (**47**), Moni Governeto mit Klosterkirche auf der Akrotiri-Halbinsel (**48**), das Katholikon von Moni Agia Triada (**49**), die spätbyzanthinische Klosterkirche Valsamonero (**50**), den venezianischen Brunnen mit Adam und Eva im Paradies, das als wasserreicher, schattiger Garten erscheint (**51**), die Klosterkirche Vrondissi (**53**) und ihre Fresken aus dem frühen 14. Jahrhundert (**52**).*

*Auf dem Fußpfad nach Valsamonero, beim Anblick malerischer Haine mit blühenden Agaven (**54** und **55**) war unsere Gesellschaft ganz verzückt und sprach nur noch im Singsang byzanthinischer Choräle.*

Hermann sagte, der Reiseführer empfehle, einmal vor und einmal nach der Besichtigung minoischer Ausgrabungsstätten das Archäologische Museum in Heraklion aufzusuchen: Vorher, um sich ein ungefähres Bild vom Ausmaß der geborgenen Schätze machen zu können, und nachher, damit eine Ein- und Zuordnung all dessen gewährleistet sei. Wir besuchten das Museum, nachdem wir die Hälfte des Programms absolviert hatten. Evangelos sagte: „Wir machen es auf die deutsche Art, genauso wie Goethe es von seinem Vater erzählt hat, der nämlich seine Ökonomie mit Zeit und Kräften so weit getrieben hatte, daß ihm nichts mehr Vergnügen machte, als zwei Fliegen mit einer Klappe zu schlagen."

Beobachtet von schnurrbärtigen, grimmig dreinblickenden Männern betrachteten wir das symmetrisch Geformte, das auf logische Mentalität, und das unsymmetrisch Gestaltete, das auf anarchischen Charakter schließen lasse. Wir sahen Vasen und Krüge, Statuetten, Idole, den Krokuspflücker und den Hauptmann der Schwarzen und zierliche weibliche Gottheiten mit spitzen Brüstchen. Und Schmuckstücke sahen wir: Äffchen und Lämmer als Anhänger, Fliegen und Käfer als Anstecknadeln, sahen Opferbänke, Opferschalen, Opferkannen, und aus den Augenwinkeln sahen wir die grimmigen Männer an der Längsseite der Säle entlangpatrouillieren und sich genüßlich über die Bärte streichen.

Evangelos führte die Gruppe von Vitrine zu Vitrine, jeder stand in angemessener Entfernung, staunte und schwieg, wie es in feierlichen Räumen geboten erscheint. Doch vor dem Diskus von Festos traten längst überwunden geglaubte Verhaltensweisen wieder auf, und es hätte keiner leugnen können, daß die heitere Stimmung verflogen war, die uns noch in Gortis zur Tanzgruppe zusammengeführt hatte. Herr und Frau Pauschal durchbrachen den Kreis, stießen und schoben und drängten sich unter die Kehle von Evangelos, als wollten sie ihn erwürgen. Frau Pauschal sagte: „Dieses Ding müssen wir unbedingt aufnehmen", und Herr Pauschal, als die Gruppe sich ein paar Schritte entfernt hatte, schob einen letzten Neugierigen zur Seite und stützte sich brutal auf den Untersatz der Vitrine, damit er das Foto nicht verwackele.

Evangelos war inzwischen bei der Schlangengöttin angekommen, die mit Glockenrock und bloßer Brust an die Rampe tritt. Herr und Frau Pauschal kamen zu spät, doch sie hoben die Ellbogen und verstanden es, sich zwischen Johannes den Täufer und Dr. Radix zu zwängen. Nur Schneewittchen konnten sie nicht verdrängen, tapfer und trotzig harrte es auf seinem Platz aus, es ist feingliedrig, doch nicht zerbrechlich, und Herrn Pauschal gelang es nicht, seine Kamera an ihrem Kopf vorbei in die gewünschte Position zu bringen. Schneewittchen trug ihr Haar aufgesteckt in einer Hochfrisur, und um ihren Hals hing ein rotschwarzes Amulett, das die bösen Geister vertrieb.

Vor den gigantischen Doppeläxten gab Evangelos allerlei zu bedenken. Ja, die Theorien, meinte er, sie machten den Wissenschaftlern nach wie vor großes Kopfzerbrechen: Doppeläxte, wie für Riesen geschmiedet, und so etwas in einem friedlichen Matriarchat! Bitte, sagte er, die Äxte seien zwar über Gebühr scharf geschliffen, doch müßte man sie als symbolische Geräte verstehen und dürfe sich nicht dem Irrtum hingeben, mit ihnen seien Stiere getötet worden. Dr. Radix aber wollte sich mit dieser Erklärung nicht zufrieden geben und rief von hinten her über die Köpfe der Lauschenden hinweg: „Mein lieber Herr Evangelos, um diese kretischen Stiere hier zu schlachten, hat man wohl solche Äxte gebraucht, da sollte sich der Wissenschaftler bloß mal keine Illusionen machen." Zum Streit entschlossen hatte Herr Radix die so einladend dargebotene kretische Axt ergriffen und Evangelos' Theorienspiel in Stücke gehauen. Doch nicht die scheinbare Unversöhnlichkeit von wirklichen Dingen und ihren Sinnbildern stand zwischen Evangelos und der beherrschenden Gruppe unserer Reisegesellschaft, sondern die mangelnde Bereitschaft, sich auf Evangelos' dialektische Capriccios einzulassen, die ja vielmehr zündende Ideen als launige Einfälle waren. Da stand er unter den Äxten, aufrecht wie der im Konflikt zwischen dem Unverständnis der Menschen und seiner eigenen Beharrlichkeit scheiternde Bühnenheld auf der Richtstätte –, und als er gar Sophokles zitierte und unmißverständlich ausrief: „Vieles ist ungeheuer, nichts ungeheurer als der Mensch!" zeigten ihm Pauschals und das Ehepaar Radix die kalte Schulter und verließen demonstrativ den Saal der Äxte. Von Tür zu Tür der zwanzig Säle streiften wir durch die Jahrtausende, eilten von Epoche zu Epoche: Von den Minoern gelangten wir zu den Griechen und fanden das Hakenkreuz als Dekorationsform der geometrischen Kultur. Herr und Frau Pauschal näherten sich wieder unserer Gruppe, hielten aber gebührenden Abstand.

Herr Pauschal zeigt mit ausgestreckter Hand auf den Fries mit den Hakenkreuzen und sagte zu seiner Frau: „Na siehste, so blöd ist der Adolf auch wieder nicht gewesen.“ Der Bogen war gespannt, der Kreis geschlossen, das Anthropologische hatte sich zum Historischen gerundet. Am Ende kam der Tod in Sicht: der Sarkophag mit den zerbrochenen Knochen.

Es war Sonntag, Muttertag. Im Weindorf Tilissos bellten die Hunde, krähten die Hähne, wieherten die Esel. Hinter dem alten Eukalyptusbaum bogen wir von der Straße ab und betraten die Haustrümmer der drei minoischen Villen. Auf den weißen Steinen liefen winzige rote Spinnen umher, röter als Zinnober, winziger als Stecknadelköpfe. Sie rannten kreuz und quer, scheinbar ohne Richtung, ohne Plan, ohne Sinn in ihrem rastlosen Leben. Auch wir gönnten uns keine Ruhe, sprangen davon, stürmten den Bus. Aufwärts durch das Sklavental, das aber nach den hierhin verschlagenen Armeniern und Georgiern Slawental genannt werden müßte, erreichten wir Axos am Fuße des Berges Ida.

In der Kapelle, die dem heiligen Johannes geweiht ist, verbirgt sich das Leben Jesu unter Stockflecken und Mörtelstaub. Als aber Evangelos die Bilder zu beschreiben beginnt, sprengte ein starkes Azurblau den blättrigen Putz, ein kräftiges Ochsenzungenrot durchdringt den Stuck und aus dem Mauerschutt schälen sich die Heiligenfiguren.

Evangelos versuchte nicht zu erklären, warum diese Bilder so schön sind. Er weiß, daß man das Schöne nicht erklären kann, doch er weiß: man kann die Erscheinungen beschreiben, ihre Formen beschwören, ihre Geschichten erzählen. Und so erzählt er die Geschichte dieser Bilder nach, setzt seine Worte wie Edelsteine in die

Fassung, und während er spricht, wird das Gelb noch gelber, das Rot noch röter, und das Blau im Hintergrund weitet sich zur dunklen Himmelswiese, auf der sich Schafe und Löwen friedlich in den Armen liegen. Wieder rieselten mir sanfte Schauer über die Arme, wieder schloß ich die Augen und spürte, wie das Rot und Blau ins Innere des Kopfes strahlten und eine angenehme Wärme erzeugten.

In Anogia, das im letzten Krieg von den Deutschen bis auf die Grundfesten zerstört worden ist, warten die Dorfleute sonntags auf kauflustige Touristen. Der Ort ist längst wieder aufgebaut, der Wirt der Taverne, ein Priapos in Breeches und Lederstiefeln, servierte uns Rakis auf dem Trottoir. An der Wand der Gaststube hängt sein Foto, die Holzstatue eines Briganten steht unter der Dorfplatane: Anogia bleibt das Dorf der kampflustigen Männer, die Alten, das schwarze Tuch um die Stirn geschlungen, saßen auf geflochtenen Stühlen und stritten sich beim Kartenspiel. In einer Seitengasse hockten Frauen in Schwarz am Spinnrocken, vor den Häusern an Ständern und Pergolas hingen handgewebte Kleidungsstücke und Gebrauchsgegenstände: Schürzen und Taschen, Tischläufer und Kissenbezüge.

„Schau dir nur diese schönen Sachen an", sagte Frau Pauschal zu ihrem Mann. „Nicht nur anschauen, auch kaufen!" rief Dr. Radix, doch Herr Pauschal konterte und meinte: „Was sollen wir denn mit all dem Zeug? Wenn ich Ihnen erzähle, was wir letzthin geerbt haben, würden Sie Bauklötze staunen. Und wenn wir mal die Augen zumachen, liegt der ganze Mist in den Kisten und keiner will ihn haben. Die jungen Leute haben doch ganz andere Interessen."

Jorgos hupte, wir stiegen in den Bus und fuhren davon. Die Sonne schien, der Wind stand still. „Hier ist die Luft immer hell und klar", sagte Evangelos, „und die Sonne ist noch gleißender als irgend sonstwo in Kreta.“ Jorgos legte eine Kassette ein, Melina Mercouri, die griechische Kulturministerin, sang: „Sonntags nie!“ Doch unhörbar, als wollte er sich geräuschlos davonschleichen, glitt der Bus über die gewundene Asphaltstraße ins offene Land hinaus.

Im Historischen Museum von Heraklion atmet der Stein. Byzantinisches, Venezianisches, Türkisches sind nicht aufeinandergestapelt in Haufen von Marmor, in Stößen von Granit: Hier stehen Kapitelle und Schlußsteine in luftigem Abstand. Der Stein bläht sich auf, wenn ein Auge ihn streift, und er läßt die Luft wieder entweichen, sobald die Blicke ihn nicht mehr treffen. Kein Horror vacui quält Taufbecken und Grabstele, sie stehen näher beeinander als im wirklichen Leben, die Schönheit des Steins vertreibt die Scheu vor der Leere. Ein venezianischer Wandbrunnen sprudelt Wasser: Es fließt in die geöffneten Leiber steinerner Tauben, die es aus ihren Kloaken in darunterliegende Tauben entsenden.

„Sowas Ähnliches wie in der Villa d'Este in Rom", sagte Frau Radix zu Johannes dem Täufer, der in furchtsamer Andacht davorstand und von den unergründlichen Wasserspielen des Lebens zu philosophieren begann, „nur ist es dort noch größer, noch mächtiger, noch imposanter."

Während Evangelos mit den Unersättlichen weitergeschritten war, tauschten Frau Radix und Johannes der Täufer ihre Gedanken über Größe, Mächtigkeit und Imposanz aus. In der Türkei gebe es Türkisches, vor dem sich alles hiesige türkische verstecken müsse, und in Venedig gebe es Venezianisches, das alles Venezianische von hier weit in den Schatten stelle. In der Ferne sprach Evangelos, er versuchte, das Großwüchsige herabzusetzen und dem Verteufelten ein paar menschliche Züge zu geben; er warb dafür, die Araber nicht nur als Piraten zu betrachten, aber damit hatte er bei Herrn Pauschal und auch bei Dr. Radix kein Glück. „Die Araber“, sagte Dr. Radix, „die haben zwar schöne Kinder, aber schauen Sie sich doch mal die Erwachsenen an! Sind das etwa keine Piraten?“

Evangelos sprang die Treppe hinauf in die folkloristischen Räume, und wir folgten ihm. Johannes den Täufer interessierte das Arbeitszimmer eines griechischen Ministerpräsidenten, Herr Pauschal vertiefte sich in Heeresberichte und Fotos der deutschen Invasion, Frau Radix beugte sich über die Vitrinen, in denen Manuskripte und Bücher von Kazantzakis ausgelegt waren. „Kazantzakis“, fragte sie, „wer ist Kazantzakis?“

„Ein bedeutender Schriftsteller“, sagte Herr Bökenkamp und biß sich auf die Lippen.

„Ein Schriftsteller?“ wiederholte Frau Radix, „ich habe den Namen nie gehört.“

„Kennen Sie nicht Alexis Sorbas?“ fragte Herr Bökenkamp und ließ seine Lippe wieder los.

„Alexis Sorbas? Keine Ahnung wer das sein soll!“ rief Frau Radix aus.

„Haben Sie denn nicht den Film mit Anthony Quinn gesehen?“ beharrte Herr Bökenkamp und nahm wieder seine Unterlippen zwischen die Zähne.

„Mit Anthony Quinn?“ fragte Frau Radix, „ach wissen Sie, wir haben abends anderes zu tun als fernzusehen, wir lesen auch schon mal.“

„Aber Kazantzakis ist ein berühmter Schriftsteller“, beschwor sie Herr Bökenkamp, „er hat in seinen Büchern eine philosophische

Suche nach dem Sinn der Dinge betrieben und sich mit Buddha, Christus und Lenin auseinandergesetzt."

„O Gott!" rief Frau Radix, „ausgerechnet mit Lenin!"

„Das war eben auch eines seiner Ideale", sagte Herr Bökenkamp, biß die Zähne aufeinander und schloß für einen Moment die Augen, so als dächte er nach.

„Ist ja interessant, davon auch mal was zu hören", meinte Frau Radix, „wir kennen so was gar nicht. Wir sind mal zu einem Vortrag von Hackethal gegangen, aber Kazantzakis, oder wie der heißt, ist uns nie untergekommen."

„Es lohnt sich aber", sagte Herr Bökenkamp, der seine Augen längst wieder geöffnet hatte, ohne ein besseres Argument zur Lektüre von Kazantzakis gefunden zu haben.

„Na gut", meinte Frau Radix und beendete das Gespräch, „an Weihnachten, wenn wir etwas mehr Zeit haben, werden wir mal Kazantzakis nachholen."

In den Weinbergen von Vathipetro fanden wir die Reste eines minoischen Herrenhauses. Hier ist fotografieren verboten. „Bitte respektieren Sie diese Entscheidung“, bat Evangelos, „die Archäologen möchten das Erstrecht zur Herstellung von Ansichtskarten behalten.“

„Das ist ja ein starkes Stück“, sagte Herr Pauschal, „das hätte man vorher wissen müssen, nun haben wir die Apparate für die Katz' mitgeschleppt.“ Er kehrte sich um, tat ein paar Schritte in die Kakteen und setzte sich auf einen Stein. Ja, erst die Fotografie macht eine Ruine sehenswert, auch die minoische Weinpresse, die in einem verschlossenen Gebäude untergebracht ist: Unfotografiert verblaßt sie zu einem vagen Gebilde, das die Phantasie zu Hause nur in schwachen Umrissen nachbilden kann.

„Die Trauben wurden mit den Füßen getreten“, erzählte Evangelos, „die Winzer zogen ihre Schuhe und Strümpfe aus und zerquetschten die Trauben mit den Fußballen und zwischen den Zehen.“ Das sei bei uns heute noch so, meinte die Frau von Johannes dem Täufer, man brauche nur an die Mosel zu fahren, dort hüpften im Herbst alle Winzer mit nackten Füßen in der Weinbütte herum. Aber nur für die Touristen, verbesserte die Dame aus dem Mainzer Umweltministerium, denn Wein mit den Füßen zu treten, das sei in Deutschland nicht mehr gestattet. Herr Pauschal, der nicht fotografieren durfte, blickte von seinem Stein auf, sah mich auf der Türschwelle stehen und schreiben. Ein Esel stand an einen Pfahl gebunden, er schrie wie gequält. Herr Pauschal sagte: „Hat er nicht eine häßliche Stimme. Und hat er nicht ein dämliches Gesicht?“

In Archanes aßen wir zu Mittag. Unter schattiger Pergola saßen wir an langer Tafel, aßen Soutzou Kakia und tranken Rotwein aus großen, grünen Gläsern. Ein Strauß Rosen stand auf dem Tisch, die Blumen waren schon weit fortgeschritten in der Blüte und verströmten das Flair einer blassen Morbidezza, die zwar ohne Duft nach Übersüße und Verwesung, doch voller Schönheit des Vergänglichen war. Wir saßen auf Holzbänken, jeder mit seiner Speise beschäftigt, der sanfte, betäubende Rosenduft zog über den Tisch und vermischte sich mit dem kräftigen Geruch des Soutzou. Nichts ist verzwickter als flüchtige Bekanntschaft, man begegnet einander auf Schritt und Tritt, wechselt Gruß und höfliche Floskel, spricht hin und wieder ein paar Worte zusammen, doch man bleibt einander fremd, jeder spinnt sich in seinen Eigenheiten und Neigungen ein, und nicht einmal Rosenduft wird gleichermaßen als lustvolle Wahrnehmung empfunden. Der Herr aus Wilhelmshaven, der mir gegenüber saß, verzog das Gesicht, seine Mundwinkel hingen herab, er schluckte ein paarmal, rümpfte die Nase, fragte mich und tat es sogleich, ohne auf meine Antwort zu warten: „Darf ich die Rosen wegnehmen und hinter mich auf den Boden stellen?“ Frau Radix schaute nach den Eimern, die überall herumlagen, klopfte zwei-, dreimal auf die sonnengebleichte Plastiktischdecke, zog ein Tempotaschentuch aus ihrem Blusenärmel, führte es über den Rand ihres Trinkglases und sagte: „Ist alles auch ein bißchen schmuddelig, das ist nicht wie in Rambouillet in Frankreich oder in Versailles, wo wir vergangenes Jahr waren.“ Die schattige Pergola von Archanes ist ein paradiesischer Ort, die Rosen duften, als hätte Hesiod sie besungen. Bevor wir Abschied nahmen, suchten wir die Toilette auf: Es gibt keine Porzellanschüssel, keine Wasserspülung, keinen Riegel an der Tür. Herr Pauschal, in einem Anflug ländlicher Verzauberung, ließ mir den Vortritt und sagte: „Immerhin ein Lokus. In Versailles gab’s zu Ludwigs XIV. Zeiten überhaupt keinen.“

In der Martinengo-Bastion der venezianischen Zitadelle von Heraklion liegt Nikos Kazantzakis begraben. Evangelos stand dicht an der Grabeinfassung, ernst und bleich, hoch aufgerichtet, mit einem Buch in der Hand, und um ihn herum, im Schulterschluß zu einem Halbkreis gruppiert, drängte sich der unermüdliche Haufe: Johannes der Täufer mit seiner automatischen, Frau Pauschal mit ihrer einäugigen, Herr Pauschal mit seiner zweiäugigen Spiegelreflexkamera, und Herr Bökenkamp mit der Minox, von der er sagte, sie sei so praktisch für ihn, seit seine Augen schwächer und seine Reaktionen langsamer geworden seien. Frau Radix und die Dame aus dem Mainzer Umweltministerium setzten ihre Apparate kurzerhand ans Auge und drückten ohne weitere Umstände auf den Auslöser, Herr Pauschal aber drehte an der Blende, korrigierte die Schärfe und stellte komplizierte Handhaben mit dem Entfernungsmesser an. Es knackte und zischte, und manchmal blitzte es sogar, mitten in der grellsten Sonne.

Hier liege er, Kretas größter Dichter, sagte Evangelos; mißachtet und verbannt vom orthodoxen Klerus liege er hier heraußen in der Bastion von Heraklion und sehne sich wohl noch im Tode nach den verweigerten Gnadenmitteln seiner Kirche. Evangelos hatte das Buch aufgeschlagen, schaute hinein, hob den Kopf und rezitierte aus dem Gedächtnis: „Der Apfel des Lebens barg keinen Wurm." So sei es noch in Kazantzakis' kretischer Jugend gewesen, später habe sich der Wurm im Apfel gemästet, und Kazantzakis sei unglücklich darüber gewesen. Evangelos liebt den Dichter, er pries ihn, verteidigte ihn, bog seinen schlanken intellektuellen Zeigefinger weit nach außen und rief, die Zeit sei gekommen, daß der jüdische Christus endlich Grieche werde, denn die Erde müsse umgepflügt werden, damit Christus das Korn des Heils hineinsäen könne. Geschickt gab er seinem Zeigefinger einen Dreh nach oben, schaute wieder ins Buch und las: „Wir hatten uns ins Geschirr gelegt, aber die Luft gepflügt."

Ein heißer Wind blies über den Grabstein von Kazantzakis, Griechenlands leidenschaftlicher Atem, der brünstige Geist Kretas, „dieser fleischfressende Vogel, den unablässig hungert", las Evangelos und schloß das Buch. Die ein- und die zweiäugigen Kameras klickten, Herr Bökenkamp bediente seine Minox, denn nun fuhr Evangelos mit weitausholender Gebärde über die Grabplatte von Kazantzakis und sagte: „Ich lese Ihnen Kazantzakis' Glaubensbekenntnis, es ist in die Platte eingemeißelt und lautet: 'Ich glaube nichts. Ich fürchte nichts. Ich bin frei.'" – „Das bin ich auch, seit ich es aufgegeben habe zu fotografieren", sagte Brigitte und streckte beide Hände weit aus.

Hinter dem sanften Hügelland von Heraklion rümpfte der Berg Jouchtas seine Nase. „Schauen Sie sich den Berg genau an", riet uns Evangelos und zeigte auf die Silhouette seines Profils, die der Linie eines liegenden bärtigen Gesichts folgt. „Das ist Zeus, der hier begraben liegt", sagte er. Frau Radix nickte mit dem Kopf und fügte hinzu: „Nicht ganz so prägnant wie der Schillerkopf in Osttirol."

Starr und atemlos, kreideweiß wie vom Schlag gerührt, stand Evangelos gegen eine Stele gelehnt und rang nach Luft. „Es ist vielleicht schwer zu begreifen“, sagte er nach einer Weile, „aber man kann nicht alles miteinander vergleichen, als gäbe es keinen Unterschied zwischen dem Vorgestellten und dem Nachgeahmten, zwischen dem lebenden Geist und dem toten Fleisch“ –, und wandte sich ab von unserer Gesellschaft, die unter einem verheißungsvollen Namen hierher gekommen war, eine fremde Kultur kennen und verstehen zu lernen.

Er habe einen autobiographischen Roman von Kazantzakis zur Lektüre mitgebracht, sagte Herr Bökenkamp, der Roman heiße „Rechenschaft vor El Greco", und er habe ihn sogar ausgelesen, obwohl es darin von Übertreibungen nur so wimmele.

„Alle Kreter lügen", sagte Herr Pauschal, das habe ein Philosoph gesagt, der sei selbst Kreter gewesen, und er, Herr Pauschal aus Hannover, wo rechtschaffene Menschen wohnten, habe es im MERIAN-Heft gelesen. Johannes der Täufer, ein studierter Mensch, gab zu bedenken: Wenn ein Kreter sage, alle Kreter lögen, dann lüge dieser Kreter ja selbst, indem er es behaupte, und die Kreter könnten folglich als glaubwürdige und rechtschaffene Menschen gelten wie die Hannoveraner – ein Gedankenspiel, das der Apostel Paulus in seiner christlichen Einfalt leider nicht begriffen habe. „Sie sind Akademiker", sagte Herr Pauschal zu Johannes dem Täufer, „sie haben gut reden."

Der Palast von Malia lag einst am Meer. Der Stein ist erdiger, röter, farbiger, und da ein paar Tropfen Regen gefallen waren, glänzte er wie Speckstein. Schnecken mit ihren Häusern auf dem Rücken ritten über die Mauer, blauglänzende Libellen standen wie Spielzeughelikopter in der Luft, und ein grünschillernder fetter Wurm, der aus der Erde gekrochen kam, ließ mich an einen verlarvten Tausendfüßler denken, der sich zu einem gefräßigen Ungeheuer entpuppt.

„Hier sehen Sie den berühmten Kernos von Malia", sagte Evangelos und zeigte auf einen kreisrunden, mit zahlreichen eingemeißelten Vertiefungen gezierten Stein, „in die Schälchen wurden Früchte und Samenkörner gelegt, es ist ein Opferstein, und es wird erzählt, daß auch einmal ein kretischer Jüngling den Göttern dargebracht wurde." – „Opfersteine, das hatten die Germanen auch", sagte die Frau von Johannes dem Täufer, „aber ohne junge Männer draufzulegen, die hat man bei uns zu was Besserem als zum Schlachten gebraucht." Evangelos erschrak, er lächelte verlegen, doch rasch faßte er sich wieder, hob seine Dirigentenhände hoch über unsere Köpfe und begann zu erzählen. Dieser Opferaltar, mit Stahlstangen umgeben, mit Welleternit überdacht, hatte in ihm einen fatalen Rechtfertigungszwang hervorgerufen, er sprach von Prometheus, der Zeus überlistet habe, indem er ihm und den anderen Göttern das mindere, den Menschen dagegen das bessere Fleisch des Opferstiers überließ. „Prometheus", erzählte er, dieser Freund der Menschen, mußte es mit seiner Leber büßen." – „Mit seiner Leber?" fragte Herr Pauschal, „wie ist denn das zugegangen?" An den Felsen des Kaukasus sei er angekettet worden, und ein Adler habe ihm die Leber weggepickt, erzählte Evangelos, doch die Leber sei des Nachts immer wieder nachgewachsen – was für ein Unglück! „Was diese Griechen sich nicht alles haben einfallen lassen!" sagte Herr Pauschal, „die hatten schon in den alten Zeiten eine verdorbene Phantasie. Aber uns soll's recht sein, wir haben damit nichts zu tun."

Doch Evangelos hauchte uns neuen Geist ein, und wir sogen ihn gierig auf. Leichtfüßig durchquerten wir das Labyrinth von Malia, stiegen Treppenstufen empor, schlenderten an Mauern entlang, schlitterten über polierte Bodenplatten. Es roch nach Liebstöckel, duftete nach Lavendel, ein Ruch nach Bretagne zog durch die Luft. Evangelos sprach, und sprechend verwandelte er Landschaft und Leute. Über die Heide kamen Minos und Merlin geritten, sattelten ab und führten die Pferde am Zaumzeug. Unter Evangelos' Wörtern lösten sich Erdschollen und Schieferwacken, wuchsen aus Steinstümpfen Pfeiler und Säulen auf, an denen Minos und Merlin Seite an Seite entlangspazierten. Ich lauschte den Sätzen Evangelos'; als ich die Augen schloß, sah ich die beiden im Abendschein auf der Terrasse von Malia sitzen.

Es ist eigentlich immer dasselbe", sagte Herr Pauschal, krempelte die Ärmel hoch und schob den Schirm seiner Mütze nach hinten, „entweder die vergammelten Ruinen auf den Hügeln oder die abgeblätterten Gemälde in der Klöstern, man kann die Namen schon gar nicht mehr auseinanderhalten." Kera lag ihm zu hoch in den Bergen und Agios Nikolaos zu nahe am Meer. Das eine Mal war es ihm zu abgelegen, zu unzugänglich, zu einsam, das andere Mal von jedermann viel zu bequem zu erreichen und von Touristen überlaufen. „Man soll des Guten nicht zu viel tun", sagte er und weigerte sich, seinen Fuß auf die Schwelle der Klosterkapelle von Kera zu setzen, wo uns aus dem Dunkel des Raums ein Samtglanz von Blau und Rot entgegenschimmerte. Und auch als Evangelos in das Türschloß der Nikolauskapelle einen Schlüssel steckte, der größer und schöner als Petri Himmelsschlüssel war, verzog Herr Pauschal keine Miene, schaute uns an und mußte sehen, wie ein stilles Leuchten unsere Gesichter überstrahlte. Er kehrte sich ab und sagte zu seiner Frau: „Abends verdrehen einige die Augen, als hätten sie wer weiß was erlebt."

Frühmorgens fuhren wir von Agios Nikolaos zur Ostküste der Insel. Das Meer war spiegelglatt und glänzte. Scharfgeschnitten ragten die Umrißlinien der vorgelagerten Inselchen aus dem Morgennebel, die Strahlen der Frühsonne fingerten im Dunst, und Lichtblitze schossen aus dem Wolkenkranz. Vom Himmel herab hing ein Vorhang von zarten Volants, doch an den Bergspitzen zerriß der Schleier, der vom Inselinneren her über das Sitias-Massiv gezogen war. Die Straße, eng und reich an Kurven, bildete über lange Strecken eine rosenfarbene Oleanderallee, gefleckt von Ginster. Hoch auf den steinigen Hängen schmückte sich das fahle Grün mit weißen Asphodelen und rief in Evangelos' Gedächtnis ein paar Gedichtzeilen hervor.

Herr Bökenkamp gähnte. Um sich für die nächste Führung vorzubereiten, hatte er eine Viertelstunde lang im Reiseführer gelesen, gab aber dann seinem Schlafbedürfnis nach, schloß die Augen, senkte das Kinn gegen sein Brustbein, und während Evangelos' Stimme durch den Bus tönte, zog ein Schniefen aus Herrn Bökenkamps Mund, das lauter wurde, je näher wir der Stadt Sitia kamen. In einer Kurve blitzten die Marmorplatten eines Friedhofs auf, beim Vorüberfahren sahen wir die üppig geschmückten Gräber. Frau Radix erhob sich von ihrem Sitz, beugte sich vor, um besser sehen zu können und sagte erstaunt: „Wieso sind das immer zwei Marmorplatten

nebeneinander, das ist doch viel zu teuer. Die hätten das Geld besser vorher ausgegeben als für etwas nach dem Tod, wovon sie doch nix mehr haben."
Zur Kaffeepause in Sitia spazierten wir am Hafen entlang, suchten uns ein Kafenion und setzten uns auf geflochtene Trottoirstühle. Vor einem Postkartenladen spielte ein Hund mit einem Pelikan. Der Vogel massierte den Hunderücken mit seinem großen Schnabel, biß und rieb das Fell und versuchte vergeblich, den Schwanz des Hundes zu packen. Der Hund hielt still. Er reckte genußvoll den Hals und knurrte behaglich vor sich hin. Herr Suhrbier, die unauffälligste Person unserer Gesellschaft, ein Mensch mit feinen Manieren, zurückhaltend im Wesen, höflich in seiner Art, auf jeder Treppe, in jedem Flur einer Dame den Vortritt lassend, kam von der Toilette, grau im Gesicht, weiß um die Nase, und mit einem Anflug von Verzweiflung sagte er: „Wissen Sie, ich bin zwar nicht von der Branche, aber so viel kann ich mit gutem Gewissen sagen: Ich glaube, die Griechen können nicht einmal Toilettenpapier machen." Vielleicht hätte Herr Suhrbier so etwas nicht sagen sollen, denn mit dieser Bemerkung, die zweifellos auf schlechte individuelle Erfahrung mit griechischem Toilettenpapier zurückzuführen war, gab er Herrn Pauschal Wasser auf die Mühle. „Minoische Paläste, byzantinische Ikonen", sagte dieser, „da war deren Kultur auch schon am Ende."

Der minoische Palast von Kato Zakros, an tiefgrüner Bucht gelegen, ist von griechischen Archäologen freigelegt worden. Sie haben einen Schmelzofen, Schatzkammern, Vorratshäuser ausgegraben, deren Schätze das Museum in Heraklion birgt.

Als wir hinkamen, stand die Sonne über der Libyschen See, und ein gleißendes Licht fiel auf das Mauerwerk. Unser Fuß trat auf lilafarbenes Erdreich, Dr. Radix scharrte im Boden, Herr Pauschal bückte sich, um das Gestein in Augenschein zu nehmen, die Dame aus dem Mainzer Umweltministerium aber schüttelte den Kopf. Die lila Farbe schien ihr bedenklich, sie zweifelte an ihrer natürlichen Herkunft und meinte: „Wenn das mal mit rechten Dingen zugeht." Möwen und Bachstelzen huschten über Sumpftümpel, eine Schafherde zog unter Zypressen hin, warmer Wind strich vom Gebirge herab und veranlaßte Frau Radix, zu sagen: „Öde Gegend." Im ausgemauerten Becken der Zisterne schwamm eine Schildkröte, über der Wasserfläche stand ein feuerrotes Flugmobil, gedrechselt wie ein Untier aus dem Spielzeugkasten, das sich just in diesem Augenblick in eine Libelle verwandelt hatte. Hinter der Oase, im Spitzbogen gegen die Südflanke des Gebirges, öffnete sich das Tal der Toten, ein Bergrücken ohne Baum und Strauch.

Zu dieser Jahreszeit ist noch kein touristischer Trubel in den Palmenhain von Vai eingezogen. Und doch standen die Reisebusse bei

unserer Ankunft dicht beieinander, wir stiegen aus, mischten uns unter die Studien- und Badegäste, flanierten am Strand entlang, kletterten auf den Steilfels, betrachteten die Südseeumgebung, brieten auf blauen Liegestühlen in der Mittagshitze und wandten uns wieder dem Bus zu, den Jorgos im Palmenschatten geparkt hatte.
Wer den Dattelhain von Vai gepflanzt hat? Herr Bökenkamp sprach sich für den Vogel aus, der die Dattelkerne einst von Afrika herüberbrachte und an den Strand spuckte, Herr Pauschal für den Wind. „Reiner Zufall", sagte er, „da muß man sich keine Gedanken machen." Herr Bökenkamp, aus dessen Miene zu schließen war, daß er lieber einen zielstrebigen Vogel als Samenträger gehabt hätte und nicht den flüchtigen Wind, wollte das Gespräch fortsetzen, doch Herr Pauschal winkte ab, schob sich den Mützenschirm über die Stirne und sagte: „Ist nicht der Rede wert."

Kloster Toplou liegt in der Einöde. Die Erde stäubte, der Himmel glänzte, rasche Schönwetterwolken eilten herbei. Evangelos hob seine Dirigentenhände, knickte die Finger nach außen, tanzte auf Spiel- und Standbein. Er beschwor die Ikone des Ioannis Kornaros.

Und wieder stürzten Wolken über uns zusammen, Kain schlug auf Abel ein, Jonas entschlüpfte dem Bauch des Wals, Moses hieb gegen den Fels, und Engel jubilierten, als freuten sie sich am grausamen Spiel. Vater, Sohn und Heiliger Geist schwebten über dem Wasser, Evangelos ereiferte sich. „Ein westliches Blendwerk der Dreieinigkeit, ein Blendwerk der Dynamik, ein Blendwerk der Dramatik!" rief er aus, „ja, schauen Sie nur, wie die alte statische Göttlichkeit in venezianischen Farben zerfließt!"

Frau Radix stand zwischen ihm und dem Blendwerk, es hatte sie nicht geblendet. Sie kehrte ihm den Rücken und sagte zu Herrn Bökenkamp: „Bis jetzt hat er uns immer nur Steine und Bilder gezeigt, nicht eine einzige Blume."

Die See lag im Abendlicht. Das Silberne war schwarz, das Blaue grün geworden. Die Wolkenschleier hingen in Fetzen an den Bergspitzen, das Sonnengold lag breit über die Buchten gegossen. Evangelos hatte eine Kassette in den Recorder geschoben, ein Schwall byzantinischer Choräle schwappte durch den Bus. „Megas i Kyrie!" riefen die sin-

genden Mönche, „Megas i Kyrie!" Sie riefen es spitz und blechern, fast verzweifelt, daß Johannes der Täufer es nicht länger anhören wollte und die Stöpsel seines Hörgeräts aus beiden Ohren zog.
Die Musik verklang, wir saßen stumm in unseren Polstern, jeder an seinem Platz, und atmeten auf, als die Einöde allmählich in bewohntes Gartenland überging.

Nach zwei Wochen war Herrn Pauschals Glatze braun gebrannt. Schneewittchens Sommersprossen funkelten üppiger, und Herrn Suhrbiers schütterer Schnauzer hatte sich zum buschigen Schnurrbart ausgewachsen. Evangelos ließ nicht nach, Goldglanz und blaurote Farbenspiele zu beschwören. „Es ist zwar nur eine Kopie", sagte er vor der Ikone der Gottesmutter von Kloster Kera Kardiotissa, „doch schauen Sie, wie schön sie ist." Maria und das Kind tragen aus Silber gehämmerte Heiligenscheine, Herr Pauschal führte Frau Radix vor das Bild, das sich in der Sonne spiegelte, ließ sie ein paar Schritte zur Seite treten, hielt sich die Hand über die Augen und flüsterte ihr zu: „Diese Maria sieht aus, als sei sie einer alten Freundin von mir aus dem Gesicht geschnitten." Frau Radix kniff die Augen zusammen, betrachtete abwechselnd das Bild und Herrn Pauschal, zupfte ihn am Ärmel und entgegnete: „Wer hätte das gedacht!" Doch erst das Original, rief Evangelos, das sei so schön, daß es dreimal von den Türken geraubt und nach Istanbul gebracht worden sei, von wo es sich aus eigener Kraft befreit und nach Kreta zurück begeben habe. „Nach dem dritten Raub haben es die Türken sogar an eine Säule gekettet", erzählte Evangelos, „doch das Bild hat sich nicht in der Türkei festhalten lassen. Es ist zwar nur eine Legende, aber wie wahr können Legenden sein! Mit Säule und Kette ist das Bild nach Kreta zurückgeflogen. Schauen Sie in den Hof, dort können Sie die Säule noch sehen." Frau Radix musterte die schmale Säule im Klosterhof, schaute Herrn Pauschal an und meinte mit spitzer Stimme: „Solche Legenden haben die Leute verrückt gemacht, sogar ein intelligenter Mensch wie Evangelos scheint darüber den Verstand verloren zu haben."

In Kübeln und breiten Rabatten blühten Rosen und Geranien, der Maulbeerbaum breitete seine fleischigen Blätter über die Säule. Schneewittchen strich einige Male um die Mauer, Herr Suhrbier, der mit Kirgisenbart sein gewöhnliches Aussehen verloren hatte, warf ihr begehrliche Blicke hinterher. „War dies das letzte Kloster?" fragte Frau Radix, „oder kommt noch eins?" Vielleicht hatte Evangelos das Schönste bis zuletzt aufgespart.

Plötzlich standen wir vor der Platane von Krasi. Ein verquollenes Baumgebirge mit Schründen und Klüften reichte in schwindelnde Höhen hinauf. Herr Pauschal bat um einen Fototermin. „Also diesen Baum wollen wir denn doch auch noch mitnehmen", sagte er, „nachdem wir an Ikonen ganze Filme verknipst haben." Ein letztes Mal hob er den Apparat vor die Nase, kniff das eine Auge zusammen und ließ den Auslöser surren. Herr Pauschal hielt Wort. Wie ein Labyrinth aus dem Rätselheft lag die minoische Siedlung von Gournia am Weg, doch so malerisch sie sich auch geben wollte, Herr Pauschal ließ sich nicht mehr provozieren. Ein Johannisbrotbaum hielt seine Äste über die Trümmer, getrocknete Früchte brieten im Sand: Das Bild blieb ungebannt. „Johannisbrot hin – Johannisbrot her!" sagte Herr Pauschal, „Fotografieren – Ende." Er habe sein Soll erfüllt, die Filme seien verknipst, und es gebe wohl auch keine Tiefenschärfe mehr bei diesem Licht. „Ich habe jedes Ortsschild aufgenommen", sagte er, „mir kann keiner nachsagen, ich sei nicht dagewesen."

Herr Pauschal hatte sich nicht mit banalen Momentaufnahmen begnügt, er mißbilligte das Festhalten des Augenblicks, verabscheute das nüchterne Erinnerungsbild. Sein Ehrgeiz war es, der Kunst zu ihrem Recht zu verhelfen, er schaute auf Proportionen, beachtete Konstellationen, stellte gewagte Kompositionen her, die der schwarze Kasten mit Hilfe von Lichtmessern und Raumblenden in subjektiven künstlerischen Abbildern hervorbrachte. Er gehörte zu denen, die das Verwackelte als beabsichtigte Wiedergabe der auf so unsicheren und tönernen Füßen stehenden Wirklichkeit erklären und das Verschwommene als bewußt erzielte Objektivierung des ewig fließenden heraklitischen Zustandes der Welt ansehen. „Fotografieren können Sie nicht lernen wie das Malen und das Schreiben", sagte er, „zum Fotografen ist man geboren."

Von steilen Felsgraten gesäumt liegt die Lassithi-Hochebene im Innern der Insel. Karstschlünde stürzen ins Uferlose, Steinbarrieren sperren die Wege: Es ist das Land Ur, über das der Mensch mit dem Pflug einhergeht. Der Mensch ist eine Frau, die den Pflug in der Hand hat, der Mann sitzt am Feldrand und raucht die Pfeife. Windräder mit weißen Segeln drehen sich auf den Feldern, Maulesel stehen an Pfähle gebunden und schweigen. Hunde bellen, Hühner krakeelen, Gänse disputieren: Hier ist Zeus geboren.

Der Weg zum Eingang der Höhle sei steil und steinig, sagte Evangelos, wer sich kräftig genug fühle, könne zu Fuß gehen, wer sich aber die Strapaze nicht zutraue, müsse den Maulesel besteigen. „Weder – noch", meinte Herr Pauschal, nahm seine Frau am Arm und stürmte die Imbißhalle, die am Fuß des Berges liegt. Gütiger Zeus, du unsterblicher Kronide, wie schmählich ist doch der Menschen Sinn! Eine ganze willfährige Reisegesellschaft hätte den Zauber der Mythe erfahren können und wäre vielleicht geheilt worden von Ängsten und Zweifeln, da aber lösten sich Ungläubige und Wankelmütige aus dem Bund und sprangen ab. Während wir Aufrechten tapfer durch den Steineichenwald emporstiegen, saßen sie schon bei Raki und Metaxa und kehrten sich dem schnöden Wohlleben zu. Auch Dr. Radix und seine Frau waren abtrünnig geworden, sogar Johannes der Täufer drückte sich in die Büsche, und Herr Bökenkamp hatte schon

eine Flasche Amstel-Bier vor sich auf dem Tisch stehen, bevor wir um die erste Kurve gebogen waren.
Höhlenbesucher kamen uns entgegen, junge Leute in T-Shirts, ältere Menschen in Bundhosen, eine Italienerin mit geschminkten Wangen und hennarotem Haar stürmte uns entgegen, sie trat auf die glatten Steine, ruderte mit den Armen in der Luft herum und rief immerzu: „Dio, Dio, Dio, o Mama mia!“ Aber es war nicht auszumachen, was sie so heftig erregte: die Höhle, die Hitze oder der steinige Pfad? Männer in Schwarz erwarteten uns vor dem Höhlenschlund, sie trugen schwarze Stiefel, schwarze Hemden, schwarze Halstücher, und mächtige schwarze Schnurrbärte wuchsen auf ihren Oberlippen. Die Männer schlossen uns in ihre Arme, es gab kein Entrinnen mehr.
Hierher war Rhea vor Kronos geflüchtet, der seine Kinder verschlungen hatte aus Angst, sie könnten ihm einst die Herrschaft streitig machen. Hier hatte sie Zeus zur Welt gebracht und Kronos einen in Windeln gewickelten Steinbrocken zu schlucken gegeben. „Nehmen Sie eine Kerze“, sagte der alte Kreter, der mit uns in die Höhle hinabstieg, „unten ist es finster wie im Grab.“ Auf engem Pfad, über Steinstufen und lockeres Geröll stapften wir in die feuchte Tiefe hinab, hielten uns an glatten Felsvorsprüngen, stützten uns auf glitschiges Geländer. Es war ein Abstieg in die Urzeit der Vorgeschichte, denn aus der Tiefe drang das Schnaufen der Nymphen und scholl der Lärm der Kureten, die an ihre Schilde schlugen, quiekten und krähten, damit Kronos nicht hören konnte, wie der kleine Zeus nach der Mutterbrust schrie. Ja, er schrie, der kleine Zeus, die Kureten konnten sein Geschrei nur mit Mühe übertönen! Es stieg aus dem Ab-

grund der Höhle herauf, hallte von den Wänden wider, ach, wäre sein Echo über den Berghang hinab- und in die Ohren der zurückgebliebenen Herren und ihrer agnostischen Ehefrauen gedrungen!
Der alte Kreter führte Schneewittchen an der Hand, und auch mir streckte er die Rechte entgegen, als ich in die Grotte trat. „Hier sehen Sie die Nische, in der die Wiege des Zeus stand“, sagte er, und wir sahen die Nische. „Hier ist die Stelle, an der er gewickelt wurde, hier ist die Felsspalte, aus der die Ziege Amathea heraustrat, um ihn zu säugen.“ Wir sahen den Wickelplatz und die Felsspalte, und als ich einen Schritt zurück und beinahe in ein grundloses Wasserloch trat, der Kreter aufschrie, mich an den Händen packte und uns zu verstehen gab, das sei die Mulde, in der Zeus gewaschen worden sei – sahen wir auch die Badewanne des göttlichen Kindes. Der Kreter zwirbelte den Schnurrbart, blies die Kerzen aus, faßte Schneewittchen bei der Hand und stieg mit uns allen wieder ans Licht empor.
Wir schnauften, wir keuchten. Wir schnauften nicht nur, weil wir außer Atem waren, wir keuchten vor Erregung. Wir hatten Zeus gesehen. Eine Schulklasse stürmte hinter uns her, lärmte vorüber, verschwand im Steineichenwald. Als niemand mehr zu sehen war, wurde es still. Nicht einmal mehr der Spektakel der Kureten war zu hören.

56

57

59

60

62

63

◄ 61

64 ►
65 ►

67

◄ 66

70

◄ 68
◄ 69

71 ►
72 ►

74

75

◄ 73

76

77

80

81

◄ 78
◄ 79

84

85

86 ►
87 ►

88

89

90 ►
91 ►

94

95 ►
96 ►

99

100

◄ 97
◄ 98

101

Zu den Bildern 56 bis 101

Im archäologischen Museum von Heraklion wichen wir nicht von Evangelos' Seite. Besonnen, ja beseelt wie immer, zeigte er uns die Ausstellungsstücke und erklärte ihre Zusammenhänge mit der kretischen Mythologie und Geschichte.

*Wir sahen die Schnittervase, eine Opferkanne aus dem 15. Jahrhundert vor Chr. (**56**), den Alabaster-Rhython in Form eines Löwinnenkopfes (**57**), das Fresko der Blauen Damen aus dem Palast von Knossos (**59**), das Delphinfresko aus dem Megaron der Königin (**60**), die Schlangengöttin aus dem kultischen Schatzhaus (**58**).*

Die letzten Tage unserer Reise verbrachten wir im Osten der Insel. Von Evangelos zum Schauen ermuntert, umfuhren wir die Buchten der Küste und überquerten Hochebenen und Berggrate. Doch in seinen Zitaten und ihren Auslegungen waren die Bilder, die er mit ihnen beschwor, stets mehr als eine pure Augenweide. Was wir sahen, spann unsere Phantasie zu abenteuerlichen Geschichten aus.

*Welche Geheimnisse birgt das sonnenbestrahlte Anogia (**61** und **64**), welche Gaumenfreuden stimuliert die Traubenernte von Tilissos (**65**)? In Anogia stiegen wir zur Kirche Johannes des Täufers hinauf (**62**) und verweilten vor der Ikonostase mit den starren, weltabgewandten Heiligenfiguren (**63**).*

*Im Dunkel der Geschichte bleibt, was einst im Palast von Malia geschah (**66**). In den Ruinen zeugen nur noch der Pithos, ein tönernes Vorratsgefäß im Nordosthof (**67**), der Kernos, ein flacher Trankopferstein auf der Vorterrasse (**68**), die Getreidespeicher im Süden des Westhofs (**69**) und die Pfeilerkrypta mit der Doppelaxt (**70**) vom einstigen Leben seiner Bewohner.*

*Die große Treppe (**71**) und das Kafenion (**72**) laden zu einem Aufenthalt in Agios Nikolaos ein. Im Golf von Mirabello (**73**) vermutet* *man den minoischen Hafen von Gournia, im Hafenbecken von Agios Nikolaos (**74**) wähnen die Einheimischen einen grundlos tiefen See. Kreisrund ist die Zysterne von Kato Zakros (**75**), vielleicht das Quellhaus des Gottes Poseidon, quadratisch das Wasserbassin in Kato Zagros (**76**), vielleicht der kunstvoll gebaute Brunnen, von dem die Odyssee erzählt.*

*Sehenswert waren für uns die fremdartigen mediterranen Landschaften, ihre Baudenkmäler und ihre Menschen: die verkarsteten Hänge bei Xerokamos (**77**), das Schriftarchiv im Palast von Kato Zagros (**78**), die uralte Straße, die zum Hafen von Kato Zagros führt (**79**), der Gang zwischen den Magazinen und dem Megaron der Königin in Kato Zagros (**80**). Die karge Ostküste bei Zagros (**81**), die sturmgepeitschten Bäume im Dikti-Gebirge (**86**), der Blick aus dem Dikti-Gebirge zum Lybischen Meer (**87**). Der Pope auf dem Vorplatz seiner Kirche im Bergdorf Anatoli (**84**), die schönen Ikonen in der Kirche (**85**), ihre Details an der Außenseite (**82** und **83**).*

*Toplou Monastir, das Kloster mit den Kanonen (**88** und **89**), galt in venezianischer Zeit als eine der wichtigsten Festungen in Ostkreta, das Marienkloster Kera Kardiotissa am Nordhang des Dikti-Gebirges (**90** bis **93**) stammt aus spätbyzanthinischer Zeit und ist heute noch bewohnt. Vor der Klosterkirche bestaunten wir die kleine Säule, die der Sage nach mitsamt der Kette, an der die wundertätige Ikone der Madonna angebunden war, in die Türkei verschleppt und von dort wieder an ihre alte Stelle zurückgekehrt ist (**92**), im Devotionalienladen des Klosters feilschten Frau Pauschal und Frau Radix mit der Nonne (**94**), um einen billigeren Preis der Ikonen-Imitationen.*

*Jedes Bild regt die Phantasie an, stimuliert die Erinnerungen. So bleiben unvergessen die kleinen Geschichten am Rande, die dennoch weitererzählt werden: Von Herrn Pauschal, der im Ruinenlabyrinth von Gournia (**94** bis **96**) die Nerven verlor, weil ihm die*

*Mauerreste zu niedrig und zu gleichförmig waren; von dem Hund und dem Pelikan, die unterhalb der byzanthinischen Festung von Sitia (**97**) vor dem Postkartenladen miteinander spielten; von Herrn Bökenkamp, der am Strand von Vai (**98**) die These verfocht, daß nicht der flüchtige Wind, sondern ein zielstrebiger Vogel die Dattelkerne von Afrika herübergebracht und hinter dem Strand einen ganzen Dattelhain angesät habe. Vielleicht waren es die leinernen Windmühlenflügel auf der Lassithi-Hochebene (**99**), vielleicht die hölzernen Boote an der Hafenpromenade von Sitia (**100**), vielleicht aber auch die kretische Bäuerin mit dem Esel am Strick (**101**) und die Selbsterkenntnis, die Herrn Pauschal zu der Einsicht brachten: „Ich paß mich ja an. Wenn ich nach Kreta reise, verhalt ich mich wie ein Kreter, und komm ich nach Ägypten, bin ich ein Ägypter."*

Ein langer Dorn ist Spinalonga fürwahr. Und der Damm, der von Olous zur Halbinsel hinüberführt, ist nadelfein und vom grünen Wasser der Lagune umspült. Auf der schmalen Uferstraße kam uns ein schwarzer BMW entgegen, chauffiert von einem jungen Mann mit schwarzem Anzug, schwarzem Schnurrbart, schwarzem Haar. „Was diese Männer nur an Schwarz finden?" fragte Frau Radix, „bei uns trägt und fährt niemand mehr schwarz. Das ist längst passé", und sprach das französische Wort spitz und schroff und mit dem nötigen Nachdruck von Endgültigkeit aus.

Der Worte waren genug gewechselt, längst schwieg Frau Pauschal, Herr Bökenkamp, seine Worte stets abwägend, ja vorsichtig setzend, fand keine rechten Formulierungen mehr, und Johannes der Täufer, der nie viel gesprochen hatte, lauschte tiefer als sonst in sich hinein. Die Wellen klatschten schwach an die Mole von Olous, unter dem Wasserspiegel schimmerten die Mauern der versunkenen Stadt. Blaue Quallen tanzten unter der Wasserfläche, blähten ihre Schirme, gestikulierten mit girlandenbesetzten Fangarmen und warfen versteinernde Blicke.

„Pfui, sind die häßlich!" rief Frau Radix aus, ein jäher Ekel bleichte ihre Wangen, höhlte ihren Blick, sie zog den Mund zusammen, daß der spärliche Lippenstrich zwischen Nase und Kinn ins Nichts zerlief – und war auf der Stelle zum starrenden Steinbild gewandelt. Ist dem

Haupt der Medusa nicht das geflügelte Pferd entsprungen, das Poseidon mit ihr gezeugt?

Noch bevor wir den Pfad betraten, an dessen Ende ein frühchristlicher Fußboden mit Fischmosaik ausgelegt ist, nahm Dr. Radix seine Frau am Arm und führte sie hinaus in ein Haferfeld, aus dem ein Schwarm Krähen in die Frühluft aufstob. „Erika“, sagte er, „du mußt dich wieder fassen.“

Sie faßte sich wieder. Sie heißt Erika und faßte sich rascher, als die Reisegesellschaft erwartet hatte. „Ja, gehen wir“, sagte sie zu Dr. Radix, „diese häßlichen Dinger habe ich bald vergessen. Das einzige, was von diesem Ausflug bleibt, sind Blasen an den Füßen.“

Es ging rasch zu Ende, und Frau Radix gab uns den Rest. In Kato Chorio betrachteten wir flüchtig den türkischen Dorfbrunnen, in Ierapetra warfen wir einen letzten Blick auf das Libysche Meer, in Ano Vianos versammelten wir uns in einem Kafenion und tranken zum Abschied einen Raki auf Evangelos' Gesundheit. Braver Evangelos! Wie dicht hatte er uns an die knossische Lebensnähe und an die byzantinische Weltferne herangeführt: Mit den Händen hätten wir sie greifen können!

Halb trunken von Raki, halb von Erinnerungen an Evangelos' Worte traten wir auf den Marktplatz von Ano Vianos, wo Jorgos mit dem Bus stand, aus dem das Gitarrenzirpen einer kretischen Melodie über die Straße tönte. Oleander blühte, Zitronen- und Feigenbäume warfen ihre Schatten auf das Pflaster, und ein letztes kretisches Aufbäumen erfaßte unsere Herzen. Wenn auch die Fototaschen längst geschlossen und die bebilderten Reiseführer schon in den Koffern verstaut waren: Herr Pauschal schaute noch einmal mit scharfem Fotografenblick, Herr Bökenkamp breitete die Arme aus, trat an die Balustrade der Dorfterrasse, als wolle er sich aus unerfindlichen Gründen in das Bett des Wildbachs stürzen und sagte zu Johannes dem Täufer: „Ich habe das Erdrund rings mir versperrt, daß Kreta allein mir offen noch stehe", ohne zu bedenken, wie verwirrend ein solches Zitat auf denselben wirken mußte. Johannes der Täufer, Bundesgerichtspräsident im Zivilberuf, ergriff Herrn Bökenkamp geistesgegenwärtig mit beiden Händen, führte ihn von dem Abgrund weg und sprach ihm ein paar tröstende Worte zu. Alles nehme einmal ein Ende, hörte ich ihn sagen, aber es brauche ja nicht gleich ein Ende mit Schrecken zu sein. Auch er, der kühle Kopf aus der Jurisprudenz, empfinde den Abschied von dieser Insel als ein Abschied auf Nimmerwiedersehen. Doch alles habe seine Zeit, sagte er, nächstes Jahr reise er mit seiner Frau an die Mecklenburgischen Seen, dahin sei erstens der Weg nicht so weit und zweitens gebe es dort bei weitem keine so anstrengende Kultur wie hier auf der Insel Kreta.

Leider gelang es Evangelos nicht, Frau Radix davon abzuhalten, die Kirche zu betreten. Unbemerkt huschte sie an ihm vorüber, verschwand für einen Augenblick hinter der Kirchentür, um völlig verstört zurückzukehren und ihrem Mann zuzurufen: „Felix, komm und schau dir das an!“ Nicht nur Dr. Radix, wir alle rührten uns von der Stelle, eilten über die Schwelle, drängten uns durch die Tür und sahen, was Frau Radix in eine so große Unruhe versetzt hatte: Ein gigantischer Kronleuchter aus Trompetenblech hing unter einem Sternenhimmel, der im Stile Walt Disneys ausgemalt war, und an den Wänden prangten Ikonen in der Manier der Strand- und Straßenmaler. „Ist das nicht eine Wucht!“ rief Frau Radix aus, und an Evangelos gewandt, zwitscherte sie in den höchsten Tönen der Begeisterung: „Diese Kirche müssen Sie in Ihr Programm aufnehmen“, und halb strafend, halb belehrend fügte sie hinzu: „Nicht nur alte Mauern mit abgeblätterten Bildern, auf denen man nichts mehr erkennen kann.“ Sie reckte die Arme, wies nach dem blechernen Kronleuchter, und mit ihrem lippenlosen Mund rief sie: „Hier ist mir erst aufgegangen, was Kultur ist!“ Evangelos stand da, zum Steinbild erstarrt, als habe nun auch ihn der Blick der Medusa getroffen. Er antwortete nicht und schaute geradeaus in eine imaginäre Ferne, in der es noch altes Gemäuer und abgeblätterte Bilder und Menschen gab, sie mit entzückten Augen, zu betrachten. Evangelos war fassungslos, ich sah ihn an, konnte aber nicht erkennen, ob sein Geist noch wirklich bei uns war oder sich längst abgekehrt hatte. Vielleicht gab es auch aus seiner Feder ein kretisches Epos wie von Kazantzakis und er hatte sich hinter diesen auf die Kruppe des Pegasus geschwungen. Vielleicht waren beide in den Dichterhimmel heimgekehrt, nur wir hatten es nicht bemerkt.

Frau Radix’, unbekümmert und frei von Gewissensbissen, hörte nicht mehr zu reden auf. In einer Stunde mit dem grellsten Licht, ohne Raum, ohne Kontur, ohne einen einzigen Schattenstrich ermunterte sie noch einmal die trägen Fotografen. Es sei ein Licht zum Fotografieren, rief sie, jetzt oder nie, und stieg als letzte in den Bus ein, nachdem sie ihre Brust geweitet und noch einige tiefe Atemzüge getan hatte. O ja, es sei eine wunderbare Reise gewesen, sagte sie, auch wenn Pans Fluren, von denen Evangelos uns geschwärmt habe, nicht so schön wären wie die Berge in Tirol mit ihren Tannenwäldern und Sturzbächen. Hier gebe es zwar nur kahlen Fels mit Büscheln stachligen Gestrüpps und ein paar holprige Sandwege, auf denen man nicht einmal richtig spazierengehen könne, doch die gut ausgebauten Asphaltstraßen hätten ihr gefallen, darauf lasse sich ganz ordentlich fahren. Bevor Jorgos den Bus durch das Bethlehem-Tor von Heraklion bugsierte und in die Titusstraße einbog, entfuhr Frau Radix ein kapitaler Rülpser. „Hoppla“, sagte sie und fuhr sich mit der flachen Hand über den Mund, „das ist der Raki, der mir im Magen liegt." Frau Radix hatte nicht Nektar und Ambrosia geschlürft, es war ihr der belebende Spiritus nicht in den Kopf gestiegen und in die Beine gefahren wie uns berauschten Silenen, die wir am liebsten mit wilden Tieren und ungebärdigen Satyrn hätten feiern mögen. Nein, es war nur der Raki, der Frau Radix auf den Magen geschlagen war. Sie stieß ihn auf, und wie ein Pesthauch aus dem Hades zog ihr saurer Atem durch den Bus.

Fräulein Rehbein vom Donnersberg blieb der gute Geist. Sie war unser Schneewittchen, und wir drei mal sieben Zwerge blieben ihr bis zum letzten Tag treulich gewogen. Morgens hatte es zwar immer ein Weilchen gedauert, bis Schneewittchen erwacht war, wir rackerten und rumorten, schlugen schon die Türen und saßen beim Frühstück, schnitten mit den Messerchen, stachen mit den Gäbelchen, da lag Schneewittchen noch in ihrem Bettchen und schlief. Doch dann schwebte sie ins Frühstückszimmer herein, nickte mit dem Kopf und setzte sich auf ein Stühlchen. Sie nahm nur wenig, von hier ein Häppchen und von dort ein bißchen, so als wollte sie nicht einem allein alles wegnehmen.

Wie im Märchen hätte es sein können, wenn nicht Herr Pauschal und Frau Radix gewesen wären! Doch wir waren gnädig. Frau Radix mußte nicht in rotglühende Schuhe treten und so lange tanzen, bis sie tot zur Erde fiel, und auch Herr Pauschal wurde nicht in ein Faß gesteckt, das inwendig mit spitzen Nägeln beschlagen ist, und keine zwei weiße Pferde wurden vorgespannt und schleiften ihn gaßauf, gaßab zu Tode, obwohl er es verdient gehabt hätte.

„Ich paß' mich ja an", sagte er am letzten Tag, „wenn ich nach Kreta reise, verhalt' ich mich wie ein Kreter, und komm' ich nach Ägypten, bin ich ein Ägypter. Wenn das mal bei uns die Türken lernen würden!"

Heraklion schmorte im gleißenden Mittagslicht, als die Maschine vom Rollfeld abhob. Meer und Himmel über der Ägäis waren von strahlender Bläue; wo sich Meer und Himmelslinie trafen, lief die starke Bläue in ein mattes Hellblau aus. Schönwetterwolken lagen wie Kokons nebeneinandergeschichtet, rückten mehr und mehr zusammen und flockten sich über dem Balkan zu einer zart genoppten Decke auf, über die aber unsere Maschine hinwegschrammte wie auf rauher Matratze. Es rumpelte und rüttelte. Hätte Schneewittchen, die ein paar Reihen hinter uns in der Kabine saß, einen giftigen Apfelgrütz verschluckt gehabt, er wäre ihr bei diesem Schüttern augenblicklich aus dem Hals gefahren.

Die Deutsche Bibliothek – CIP-Einheitsaufnahme
Ein Titelsatz für diese Publikation ist bei
Der Deutschen Bibliothek erhältlich

Buchgestaltung Gerd Braun
Satz Alexander Detambel
Schrift Stone Sans und Frutiger BQ
Papier Profistar 150 g
Druck Bliesdruckerei P. Jung, Blieskastel
Bindung Buchbinderei Schwind, Trier

Printed in Germany
ISBN 3-933389-40-2

GOLLENSTEIN BILDBAND

Alfred Diwersy · Gisela Wand

Irak

Land zwischen Euphrat und Tigris

Mit ca. 400 Farbaufnahmen sowie einer Karte

ca. 350 Seiten, gebunden mit Schutzumschlag

DM 98,- / sFr. 89,- / öS 715,-

ISBN 3-933389-46-1

Die drei großen Weltreligionen Judentum, Christentum und Islam haben ihre Wurzeln im Land Chaldäa, im südlichen Mesopotamien. Hier soll das Paradies gewesen sein. Aus Ur kommt der gemeinsame Stammvater Abraham. Im Bild festgehalten wurden die archäologisch erschlossenen und z.T. eindrucksvoll rekonstruierten Plätze der uralten Städte Uruk und Ur, der antiken Metropolen Babylon und Ninive und andere Ruinenstätten der babylonischen und assyrischen Hochkulturen. Mit gleicher Sorgfalt sind die Zeugnisse der Kalifenzeit und die wichtigsten Pilgerstätten der Schiiten, Kerbela, Kufa und Nadjef, dokumentiert. Es überraschen Bildstudien zum religiösen Leben in den Höfen der Moscheen oder sogar in den Mausoleen selbst: Bisher war Besuchern aus dem Westen der Zugang verwehrt.

Den Bildband kennzeichnet die Zuneigung zu den Menschen und die Freude der Autoren am Fremden ebenso wie ihr Interesse an kunsthistorischen und kulturellen Schätzen. Bilder der Menschen auf den Straßen und in den Souks der Städte, in kleinen Wüstengehöften, unterwegs in den Halbsteppen der Beduinen oder entlang der Bewässerungskanäle fangen etwas von der Vielfalt des Lebens im heutigen Irak ein, der mehr ist als Raketendrohung und Ölschacher seiner Potentaten.

GOLLENSTEIN BILDBAND

Alfred Diwersy · Aniela Kuenne

Myanmar

Land der goldenen Pagoden

Burma-Bildband mit 464 Farbaufnahmen

368 Seiten, gebunden

DM 98,- / sFr. 89,- / öS 715,-

ISBN 3-930008-75-0

Das „Land der goldenen Pagoden" Myanmar (Burma) trägt seinen Beinamen zu Recht. Der Reisende trifft dort immer wieder auf die mit Gold belegten, hoch in den Himmel ragenden Sakralbauten. (...) Der prachtvolle Bildband des Gollenstein Verlages liefert eindrucksvolle Impressionen dieser Schätze.

FAZ Reiseblatt

Prachtband, bezüglich Qualität und Quantität der Fotos, ohne Zweifel beispiellos in der Burma-Literatur.

Scriptum

Die Autoren haben aus ihrer reichen Erfahrung wahre Bildschätze zutage gefördert (...) Insgesamt stellt „Myanmar – Land der goldenen Pagoden" ein Fest für die Sinne dar, das nicht nur Lust auf die Entdeckung dieses Landes macht, sondern dem Leser und Betrachter einen der bislang wenig bekannten Flecken dieser Erde näher bringt. So gehört „Myanmar" zu denjenigen Büchern, die man immer wieder gerne und mit Gewinn aus seinem Bücherschrank holt.

Freiburger Universitätsblätter

GOLLENSTEIN HÖRBÜCHER

Ludwig Harig liest
Kreter und Pleter
Tagebuch einer Reise nach Kreta
3 CDs
ca. DM 48,- / sFr.44,50 / öS 350,-
ISBN 3-935731-00-0

Ludwig Harig erzählt seine Erfahrungen mit „Kretern und Pletern", in der Gollenstein Hörbuch-Reihe. Seine feinsinnigen Beobachtungen einer Reisegruppe, der Blick auf Land und Leute, auf unvergängliche Kunstdenkmäler und -schätze; Harigs Einblicke in menschliche Schwächen und Marotten sind ab Mai 2001 in einer Hörbuch-Ausgabe mit drei CDs erhältlich.

Johannes Kühn liest
Gedichte und ein Märchen
1 CD
DM 24,- / sFr. 22,- / öS 175,-
ISBN 3-933389-23-2

Die Gegenüberstellung von Mundartgedichten und hochdeutscher Lyrik aus verschiedenen Schaffensepochen, vermittelt dem Hörer einen einmaligen Gesamteindruck seines vielschichtigen dichterischen Schaffens. Kühns Lyrik kennzeichnet jene fruchtbare Spannung zwischen hohem, hymnischem Ton und der Alltagssprache.